성령이님과 함께하는 브런치

Brunch with the Holy Spirit

아이러브처치
www.churchbook.net

성령님과 함께하는 브런치
Brunch with the Holy Spirit

성령님의 즐거운 초대와
대화의 희열

초판 1쇄 발행 2020년 1월 20일

| 지은이 | 최승목
| 펴낸이 | 장주희
| 펴낸곳 | 아이러브처치
| 편집디자인 | 조혜정

| 전화 | 0505) 267-0691
| 팩스 | 032) 505-6004
| 등록일 | 2005년 2월 16일
| 등록번호 | 제 2005-6호
| 이메일 | churchbook@hanmail.net

판권소유 ⓒ 아이러브처치 2020
값 **15,000원**

ISBN 978-89-92367-94-3 03230

┃아이러브처치(ilovechurch)는 예수 그리스도가 주인인 교회를 사랑하며, 마지막 '때'(마 24:14)의 사명을 감당하고자, 믿음의 식구들과 함께 기도하며 준비하는 선교단체입니다. 아이러브처치는 찬양을 통한 영적회복, 도서를 통한 영적 강건함, 문화를 통한 복음화, 그리고 세계선교의 비전을 추구합니다.

┃이 책의 모든 내용은 저작권 보호를 받으므로 무단전제와 복제를 할 수 없습니다.

┃이 도서의 국립중앙도서관 출판예정도서목록(CIP)은 서지정보유통지원시스템 홈페이지(http://seoji.nl.go.kr)와 국가자료공동목록시스템(http://www.nl.go.kr/kolisnet)에서 이용하실 수 있습니다. (CIP제어번호 : CIP2019050032)

/

성령님의
즐거운 초대와
대화의 희열

/

/

들어가는 글

/

　이 책이 나올 수 있도록 인도해주신 하나님께 먼저 감사를 드립니다.
　"브런치*(Brunch)*"라는 말은 아침 겸 점심을 뜻하는 말로 바쁜 현대인들의 삶속에 아침을 거르고 아침 겸 점심을 먹는 분들이 많이 있습니다. 하루의 일과 시작 전과 시작 후에 하나님 말씀을 읽고 기도하는 것이 아니라 우리 일과 중에 가장 바쁜 시간인 브런치 시간에도 성령님과 함께 하자는 뜻으로 "성령님과 함께 하는 브런치"라고 이름을 지었습니다.
　이 책이 나오기까지 물심양면으로 도움을 주신 모든 분들에게 감사를 드립니다.
　학문적으로 도움을 주신 '클레어몬트 신학대학원'의 그레고리 라일리*(Gregory Riley)* 박사님, '인터내셔날 신학대학원'의 멜

빈 라욱스*(Melvin Loucks)* 박사님과 프림쿠말 다마라즈*(Premkumar Dharmaraj)* 박사님, '유나이티드 신학대학원'에 앤드류 박*(Andrew Park)* 박사님과 톰 존슨*(Tom Jones)* 박사님, 그리고 랜디 클락*(Randy Clark)* 박사님께 감사를 드립니다.

이 원고를 읽고 검토해 주신 네 분의 세계적인 교수님과 네 분의 목회자님께 감사를 드립니다. 미주 지역 보수 개혁신학교로 잘 알려진 '인터내셔널 신학대학원'의 총장 제임스 리 박사님, 서부 최고의 감리교 신학교로 알려진 '클레어몬트 신학대학원'의 예배와 설교학 교수 김남중 박사님, 오하이오 주의 성령운동과 성령론의 기수로 널리 알려진 '유나이티드 신학대학원'의 윤리와 조직신학을 가르치시는 앤드류 박 박사님께 감사를 드리고, 최근에 한국에서 CBS TV '성서학당'으로 널리 알려지시고 배재대학과 연세대학에서 신학을 가르쳐주셨고 지금은 '라오스 글로벌 신학교'의 총장님으로 계시는 장춘식 박사님께 감사를 드립니다.

그리고 미주 지역의 대표적인 교회 중 하나인 '나성 순복음교회' 담임이시면서 전 베데스다 대학교 총장을 역임하시고 세계 순복음 총회 회장이신 진유철 목사님께 감사를 드립니다. 매우 바쁜 와중에도 원고를 감수해주시고 저와 다른 교단임에도 불구하고 성령 운동에 힘을 실어 주셔서 감사를 드립니다.

또한 지난번 한국을 방문했을 때, 씨채널*(C Channel)* 인터뷰를 했는데 당시 사회자로 함께 해 주셨던 하근수 목사님께 감사드립니다. 인터뷰 후 하 목사님께서 담임을 하시는 교회의 새벽기도회 초청받아 집회를 인도하는데 강대상까지 빼곡하게 자리를 잡아 서 있을 자리가 없을 정도로 많은 성도들이 예배드림에 큰 감동을 받았고, 한 분 한 분 안수해 드리는데 입신하는 분들부터 많은 분들의 성령의 은사 체험함을 보고 추천의 글을 부탁드리게 되었습니다. 그리고 제가 토론토에서 모셨던 불꽃교회 공성훈 목사님, 부드럽고 조용하면서도 그분의 목회 가운데 하나님의 역사하심이 강력하게 나타나심을 보았기에 이 글의 감수를 부탁드렸고, 흔쾌히 추천의 글을 써주셨습니다. 마지막으로 세계 최대의 기도원인 오산리 '최자실기념 금식기도원' 원장님이신 권경환 목사님께서 이 책을 감수하시고 추천해 주심에 감사를 드립니다. 한국에 방문할 때마다 기도원 집회를 인도할 수 있도록 배려해주시고 교단이 다르고 젊은 목회자인 저에게도 늘 도전과 용기를 주심에 감사를 드립니다.

　　보수 개혁 장로교 신학과 자유주의 신학 그리고 복음주의와 오순절 계통의 다양한 분들께 검증받게 하신 하나님께 감사를 드립니다. 그리고 장로교, 감리교, 순복음 교단의 교계 지도자 분들에게 추천의 글을 받게 되어서 또한 하나님께 감사를 드립니다. 이 책은 학문적인 책은 아닙니다. 그러나 예민한 부분들과 논쟁적인 부분들이 있어서 이 분야에 권위 있는 분들에게 검증받기를 소망했습니다. 이 책은 성령님에 대한 관심을 가질 수 있도록 성경공부

용으로 제작되었습니다.

　이 공부를 처음 접하게 하고 이 내용의 전체적인 맥락과 특별히 성령의 은사와 비유의 많은 부분을 가르쳐 주신 최복규 목사님께 감사합니다. 이 책의 많은 부분은 그분의 가르침을 토대로 하고 있습니다. 그리고 이 세계에 지속적으로 관심을 갖도록 도와주신 로스앤젤레스의 영적 아버지이신 김요한 목사님께 감사를 드립니다.

　그리고 저의 부모님 최이선 권사님, 김혜자 권사님, 저의 동생 최민석, 그리고 아내 조수정, 아들 최선, 딸 최민과 최윤에게 사랑과 감사를 드립니다.

　무엇보다 이 글들이 책으로 나오기 전에 소책자들을 묶어서 편집하고 제본해주신 나경화 목사님께 큰 감사를 드리고 출판 전 마지막 교정 작업을 해 주신 '팜 스프링스 한인교회' 목회지원실의 실장 이미숙 집사님과 김지향 집사님께 감사드립니다.

　이 책이 나오기까지 기도해 주신 모든 분들 특별히 '팜스프링스 한인 교회' 성도님들과 한국의 이재환 집사님 그리고 마지막으로 이 책이 세상에 나오도록 권면해 주신 '월드미션 대학교' 예배학 교수이신 가진수 박사님께 감사를 드립니다.

유희流喜 최 승 목

/

추천사

/

저는 미국 남가주에 위치한 인터내셔널 신학대학의 총장입니다. 저의 학교의 학생들은 주로 제 3세계에서 공부하러 많이 옵니다. 특별히 아프리카와 중국에서 유학 온 신학생들이 주를 이루고 있습니다. 제가 처음 최승목 목사님을 만난 것은 그가 진행하는 라디오 프로그램에서 만났습니다. 최승목 목사님은 미국 남가주에서 TV와 라디오 진행을 통해 성경 강해자로 잘 알려져 있습니다. 상당히 에너지가 넘치고, 긍정적이고, 도전적인 분입니다. 남가주에서 대규모 목회자 세미나를 여러 차례 개최하여 목회자들을 섬긴 분입니다. 이미 미국의 명문 신학교인 클레어몬트 신학대학에서 박사학위를 수여받았음에도 불구하고 저와 만남을 계기로 저의 학교에 세계적인 조직신학자 멜빈 라욱스 교수님과 함께 조직신학을 공부하기도 했었습니다. 이 책은 최승목 목사님이 그동안 제 3세계 기독교 지도자들에게 가르친 교안을 토대로 만들어졌다고 들었습니다. 성령을 처음 이해하는데 아주 효율적인 교재라고 생각하여 적극 추천하는 바입니다. 무엇보다 성경구절을 많이 사용하여 학문적인 접근보다 성경적인 접근을 하려한 흔적이 보입니다. 개인의 영성과 성경공부 뿐만 아니라 교회 내 소그룹 공동체용으로도 귀하게 쓰임 받을 것으로 기대합니다.

James Lee 박사

Princeton Theological Seminary, Union Presbyterian Seminary(Ph. D.)
인터내셔널 신학대학(*International Theological Seminary*) 총장

/

진리의 영이 오시면 그가 너희를 모든 진리 가운데로 인도하시리니(요 16:13)" 이번에 최승목 목사가 출간하는 내용의 일부는 지난 번 라오스의 수도 비엔티안에서 복음교회 목회자들에게 강의한 성경 내용입니다. 저자 최승목 목사는 국내외에 널리 알려진 젊은 지성과 목회자이고, 인기 있는 영성집회 인도자인 동시에 세계선교적인 면에 있어서 라오스 글로벌 신학대학교 교수로서도 활동하고 있습니다. 라오스는 북한과 더불어 세계에서 전도하기가 가장 어려운 사회주의 국가로 지금도 외국인들이 내국인에게 포교하는 것이 국법으로 금지되어 있으며 비밀경찰을 통해 외국인의 선교활동을 감시하는 한편 라오 기독교인들에게 대한 간섭과 차별과 박해도 그치지 않고 있습니다. 하지만 성령에 대한 가르침은 예수 그리스도 안에서 온전하게 거듭나기를 소

망하는 세계교회 모두에게 꼭 필요한 것입니다. 저자는 이러한 관점에서 그동안 자신이 연구하고 또한 일상생활 속에서 스스로 체험하였던 내용들을 목회자적인 입장에서 평이하게 예를 들어가며 서술하였습니다. 독자들이나 성도들은 본서를 통하여 성령과 그 은사와 사역에 대한 이해를 분명히 알게 될 것이고, 최종적으로 성령 안에서 하나님의 자녀로 변화되어 이 세상에서 선교와 교육과 섬김의 사명을 성실하게 감당하는 그리스도인이 되며 하나님에게 영광 돌리게 될 것으로 확신합니다. 창조자 성령이시여 오시옵소서! 당신의 능력으로 우리를 채워주시고, 이 땅을 새롭게 변화시키소서!

장춘식 박사
연세대학교, *Drew University, University of Sydney*(Ph. D.)
라오스 글로벌 신학대학교 총장, *CBS TV* '성서학당' 강사

/

저자 최승목 목사는 클레어몬트 신학대학원에서 실천신학으로 박사학위를 받았습니다. 박사 취득 이후 뿐만 아니라 그 이전부터 현장 목회와 방송, 집필, 해외 선교와 집회, 강연 및 교수 등 섬김과 나눔의 왕성한 글로벌 지도자로서 활동하고 있음에 자랑스럽고 그의 목회 활동을 계속 응원합니다. 저는 예배와 설교 전공자로서 현장 목회자들에게 '그 교회만의 독특한 예배와 설교 이야기의 개성과 아름다움을 창조해내시라'고 권면합니다. 이런 와중에 최승목 목사가 신앙공동체를

위하여 성령 이야기를 집필한 것을 참으로 감사하고 기쁘게 생각합니다. 이미 자타가 공인하는 언변과 필력을 갖춘 저자가 현장 교회 신앙 공동체의 성장과 성숙을 마음에 두고, 기도하면서 집필한 성령 이야기는 무엇보다도 언어와 문장 표현이 쉽습니다. 그 이유는 성령이 무엇인지를 이미지 언어와 연결하여 '무엇은 무엇과 같다'식의 은유적 설명 방식으로 접근했기 때문이며, 결과적으로 이러한 글쓰기가 모든 세대와 소통할 수 있다는 점에서 장점을 지닙니다. 또한 신, 구약 성경 전체를 씨줄과 날줄로 엮어 성령의 역사와 연관된 작품의 전체 그림 혹은 숲의 전체 모습을 보여주려는 목회자의 배려와 시도가 돋보입니다. 더불어 성경의 시대에 역사하셨던 하나님의 영(성령)께서 오늘 우리의 삶의 한 복판에서도 역사하시고 계심을 세계도처의 다양한 예들을 통해 증거 합니다. 이는 성령의 역사가 여전히 우리의 삶과 역사에 지속되고 있음을 강조함으로써 신앙공동체로 하여금 그들의 삶과 신앙의 본질을 회복하고 본질로 돌아가도록 일깨우고 있다는 측면에서 신앙이 삶으로 확장되어야 한다는 실천적인 부분을 잘 연결시켰습니다. 특별히 성령의 은사들이 무엇인지를 성경에 근거하여 분별하고, 가짜 성령과 진짜 성령이 어떻게 다른지를 구별해내는 부분들은 실제 신앙생활에서 회중들이 성령과 악령의 옳고 그름을 판단 할 때 이정표가 되어 줄 것으로 기대합니다. 더불어 마지막 장에 소개된 "짝으로 푸는 성경 이야기"는 성령 이야기와 연결하여 기독론 중심으로 성경 전체를 연결하여 해석하는 창조적이고 창의적인 최승목 목사의 시각과 관점이 돋보입니다. 어느 때보다 성령의 역사와 임재가 경험되어야 할, 에피클레시스로서의 예배 공동체와 신앙 공동체에 저자가 집필한 성령 이야기가 물을 담고 있는 컵과 같은 역할, 혹은 목적지에 다다르기 위한 네비게이션의 역할을 해 줄 것을 기대하며 그 효과에 대해서는 의심의 여지가 없습니다.

김남중 박사

한신 대학교, *Drew University*(Ph. D.)
클레어몬트 신학대학원(*Claremont School of Theology*) 실천신학 교수

/

Brunch with the Holy Spirit is an extraordinary book on the Holy Spirit. First of all, it is based on the Bible. Dr. Choi succinctly unpacks the relationship between Jesus and the Holy Spirit, the gifts of the Holy Spirit, the evil spirits and angels, the Holy Spirit and the Holy Bible. This book is very easy to read, understand, and digest his writing. It is also profound and healthy in its contents. Dr. Seung Mok Choi is a person of God. He has a blessed family background of believers. He grew up in a warm and wonderful Christian family. Consequently, his personality is warm, delightful, authentic, and transparent. So is his book, Brunch with the Holy Spirit: it is inviting, enjoyable, trustworthy, and clear in his writing. I felt like reading a storybook with thoughtful wisdom, deep insights, and kind explanations. If the book should have a smell, this book releases the sweet aroma of the Holy Spirit. I wholeheartedly recommend this cogent and sound book to Christians and non-Christians.

Andrew Sung Park 박사

The Claremont School of Theology, Graduate Theological Union at Berkeley, Ph. D.
연합신학대학원(*United Theological Seminary, OH*), 조직신학, 윤리학 교수

/

저자인 최승목 목사님은 하나님 중심의 뿌리 깊은 영성과 시대를 분별하는 지성을 갖춘 목회자로 세계 선교를 가슴에 품고 미국 이민교회의 현장에서 함께 사역하고 있는 깨어있는 성령의 사람입니다. 성령님과 함께 하는 삶은 이 시대가 반드시 회복해야 하는 주제입니다. 하지만 바쁘게 쫓기는 삶에서 성령님께 깊이 다가가지 못하는 것이 안타까운 현실인데, 이 책을 손에 잡고 읽게 되면 성령님을 향한 거룩한 사모함으로 인도받게 됩니다. 성경 전체를 통해 성령님을 이해하도록 포괄적이면서도 정확함이 있고, 또 공감할 수 있는 현장의 이야기로 쉽게 접근하면서도 영적인 감동과 깊이가 있었습니다. 마치 이 한권의 책을 위해 최승목 목사님의 삶이 준비된 듯합니다. 성령님의 역사로 인한 거룩한 부흥의 영광을 체험하기를 원하는 모든 분들에게 이 책

을 기쁘게 추천해 드립니다.

진유철 목사
나성 순복음교회 당회장, 전 베데스다 대학교 총장, 순복음세계선교회 총회장

/

얼마 전 제가 진행하는 기독교TV C채널 '힐링토크 회복플러스'라는 프로그램에 최승목 목사님이 출연을 했습니다. 처음 만났음에도 불구하고 친근감이 묻어나는 목사님이었습니다. 최 목사님과 마주앉아 1시간 정도의 토크쇼를 진행하면서 그 이유를 알았습니다. '긍정적인 마인드', '적극적인 신앙', '편안한 인상',,,,, 등. 그런 모습이 제가 참 좋아하는 스타일과 닮은 것이 참 좋게 느껴졌습니다. 그리고 최 목사님의 목회 현장에서 인도해 가시는 하나님의 선하심과 강력하심에 큰 도전과 은혜를 받았습니다. 이번에 귀한 책을 발간하게 됨을 축하드리며 이 책을 읽는 모든 분들에게 성령님의 역사가 함께 하시기를 기원 드립니다. 앤드류 머리는 그의 책 '성령론'에서 "성령에 대한 우리의 신앙고백은 정통교리에 부합하며 또 성경적인 것이지만, 신자들의 삶과 말씀사역과 세상에 대한 교회의 증언 속에서는 성령의 임재와 능력에 대하여 말씀이 약속하시고 하나님의 계획이 요구하는 바에 합당한 자리를 내어드리지 않고 있다"고 이야기했습니다. 그 동안 우리는 성령의 능력과 역사에 대해 지적으로 아는 것으로만 그쳤지, 실

제적으로 성령의 임재와 역사들을 체험하며 성도들의 삶의 현장에서 함께 하시는 성령님에 대해 알려주지 못하였습니다. 이번 출간하는 최승목 목사님의 책은 성령님에 대하여, 성령님이 임하시면 일어나는 현상들, 성령님의 역사들, 성령의 은사, 악한 영과 천사의 영 등 파편화되어있는 성령님에 대한 이해를 체계적으로 정리하였으며, 목회자로서 성도들을 가르치고, 양육하는데 큰 도움이 되리라 믿어 의심치 않습니다. "성령님과 함께 하는 브런치" 이 글을 통해 지금도 살아계셔서 역사하시는 성령의 역사를 바르게 이해하고, 분별하며, 교회 공동체 현장에서 '성령'의 강력한 임재를 통해 변화되는 놀라운 일들이 현재에도 일어나고 있음을 책을 읽는 독자들도 알고, 경험되어지기를 축복합니다.

하근수 목사
C채널 '힐링토크 회복 플러스' MC, 동탄 시온교회 담임

/

제가 처음으로 저자인 최승목 목사를 만난 때는 약 20년 전 캐나다 토론토에서 이민목회를 할 때였습니다. 저보다 먼저 캐나다에 와 공부하면서 제가 부임한 교회의 교육전도사로서 사역을 성실하게 감당하고 있었습니다. 첫 만남도 성령의 인도하심 속에서 만났고, 함께 사역하면서도 최승목 목사는 늘 성령님의 인도하심 속에서 사람들과의

관계나 사역들을 풀어갔습니다. 잘 인내하는 것과 사람들에 대한 배려가 도대체 어디에서 나오는 힘인가 살펴보니 바로 성령님과 함께하는 증거들이었습니다. 성령님을 인격적으로 만나고 성령님의 인도하심에 순종하면서 묵묵하게 사역하는 최승목 목사님이 대견하고 자랑스럽습니다. 요즘에도 가끔씩 만남을 가지며 교제하고 있습니다. 지금까지 지켜 본 최승목 목사는 이민목회와 선교사역, 그리고 제 3세계 목회자들을 잘 이끌어주는 언어와 성경해석에 탁월한 능력을 가지고 있습니다. 그러나 그것조차도 바로 성령님과 늘 함께 대화하고, 의지하면서 사역하는 최승목 목사에게 주시는 성령님의 은사라고 믿습니다. 먼저 출간한 '성경에서 심리학을 읽다' 책에 이어 이번에 저술한 '성령님과 함께 하는 브런치'는 최승목 목사만의 특유한 화법과 누구든지 쉽게 이해할 수 있는 성령님에 대한 설명이 소개되고 있어 참 쉽게 성령님께 접근하고 누구나 알 수 있게 풀이해 놓았습니다. 성령님이 누구이신지 성경적인 풀이와 더불어 성령님의 하시는 일과 그 능력과 성령의 역사들을 실제 예들을 들어가며 재미있게 설명하고 있습니다. 신앙생활하면서 주님의 역사하심을 분명히 보기를 원하고, 성령님과 동행하며 기쁨과 능력으로 충만하여 살아가기를 원하는 모든 성도들과 성령님을 인격적으로 더 알아가기를 원하는 신학생들과 사역자들에게 꼭 추천하고 싶은 책입니다.

공성훈 목사
판교 불꽃 감리교회 담임, 클레어몬트 신학대학원(D. Min.)

저자인 최승목 목사님은 우리 오산리 최자실기념금식기도원에서 여러 차례 집회를 인도하셨던 분입니다. 최 목사님은 성령의 체험이 있으신 분이시고, 성령의 역사가 강하게 나타나는 분입니다. 그분을 통해서 앞으로 하나님이 하실 일이 기대가 됩니다. 최 목사님은 차기 기독교 지도자로서 전 세계에 성령의 큰 역사를 일으키실 줄 믿고 기도드립니다. 특별히 이 "성령님과 함께하는 브런치"를 통해서 최 목사님이 만난 성령 하나님에 대해서 좀 더 알게 되어 기쁩니다. 이 책은 성령 하나님을 이제 막 교회에 나오신 분도 이해하기 쉽도록 쓰인 점이 강점이라고 하겠습니다. 이 책을 통해 전 세계 교회들과 성도들이 하나님을 찾고 성령님을 강력히 의지하여 기도하고 부르짖으며 이 마지막 때에 대부흥운동이 세계 곳곳에서 일어나 잠자는 교회와 성도들을 깨우는 영적대각성의 역사가 있기를 기대합니다. 구하라 찾으라 두드리라는 말씀은 바로 성령님을 구하라는 것입니다. 하나님이 한국인들에게 주신 특별한 민족적 은혜인 새벽기도, 철야기도, 통성기도, 기도원금식운동 등이 이 책과 더불어 확산되기를 소망하고 기도합니다. 더불어 이 책을 읽는 성도들과 세계 모든 열방에 슬기로운 다섯 처녀처럼 성령의 기름을 준비하여 주님의 재림을 기다리고 맞이하는 모든 주의 백성들이 되시길 축복합니다.

권경환 목사
오산리 최자실기념금식기도원 원장

목차

004 들어가는 글
008 추천사

023 제1장 / **성령님에 대하여**
024 1. 예수님과 성경(말씀)
029 2. 예수님과 성령님
035 3. 성령님이 임하실 때 나타나는 현상

039 제2장 / **변화된 증거들**
040 1. '불'같은 성령님이 임하시면
047 2. '물'같은 성령님이 임하시면
057 3. '포도주'같은 성령님이 임하시면
065 4. '기름'같은 성령님이 임하시면
075 5. '비둘기'같은 성령님이 임하시면

081	제3장 / **성령님의 역사들**
082	1. 구약에 나타난 성령님의 역사
098	2. 신약에 나타난 성령님의 역사
102	3. 성령님, 지금도 역사하십니까?

111	제4장 / **성령님의 선물들**
113	1. 지혜의 은사
117	2. 지식의 은사
123	3. 믿음의 은사
131	4. 신유의 은사
139	5. 능력의 은사
147	6. 예언의 은사
155	7. 영분별의 은사
163	8. 방언의 은사
176	9. 방언통역의 은사

189	제5장 / **악하고 더러운 영**
190	1. 사탄의 또 다른 이름들
196	2. 뱀으로 본 귀신
209	3. 사탄의 본질
212	4. '악하고 더러운 영'을 물리치려면

215 제6장 / **천사의 영**

227 제7장 / **성령님과 성경해석**
228 1. 사도바울이 받은 성령, 그리고 그의 설교
234 2. 성령으로 푸는 성경
246 3. 예수로 푸는 성경

251 제8장 / **꿈과 환상**

262 나가는 글
264 알리는 글
265 미주
265 참고문헌

성령님과 함께하는 브런치
Brunch with the Holy Spirit

성령님의 즐거운 초대와
대화의 희열

제1장

성령님에 대하여

예수님과 성경

/

1

먼저, 우리가 믿는 예수님과 성경의 관계를 살펴보고자 합니다.

"말씀이 육신이 되어 우리 가운데 거하시매 우리가 그 영광을 보니 아버지의 독생자의 영광이요 은혜와 진리가 충만하더라... 율법은 모세로 말미암아 주신 것이요 은혜와 진리는 예수 그리스도로 말미암아 온 것이라"(요 1:14, 17)

성경은 한마디로 말해서, 예수 그리스도에 대해서 증거 하는 책입니다. 성경이 예수 그리스도를 증거 하는 이유는 그 안에 예수를 증언하는 말씀들을 통해서 우리가 구세주를 믿고, 생명을 얻고 구원받아 영생을 얻기 위함입니다. 신, 구약 전체가 예수를 증거 하기 때문에, 창세기의 처음부터 계시록의 마지막까지 예수 그리스도로 시작해서 예수 그리스도로 끝나게 됩니다.

성경은 40여명의 저자가 2000여년의 기간을 두고 여러 언어로 각기 다른 지역에서 기록되어졌으며, 이것이 성령의 역사로 하나로 묶어져 하나의 책이 되었는데, 놀랍게도 이 책은 하나로 연결되어지며 서로 간에 짝을 이루고, 성경의 비밀을 서로 풀이하고 있습니다(사 34:16).

따라서 성경은 그냥 일반 책이 아니라 하나님의 영으로 기록된 거룩한 경전이 되는 것입니다(벧후 1:21, 딤후 3:16). 우리가 이 성경책을 읽을 때마다 새로워지는 것을 수 천 년 인류역사를 통해 보아왔듯이 이 성경책을 통해 수많은 사람들이 회심한 사건이 다시 일어나길 소망합니다. 그리고 그 변화의 한 가운데에는 반드시 성령의 역사하심이 있었습니다. 그 성령의 역사를 좀 더 풀어 설명하고자 이 책을 저술하게 되었습니다. 성 어거스틴, 루터, 칼빈, 요한 웨슬리를 비롯한 인류의 커다란 족적을 남긴 위인들의 변화가 성경을 읽다가 성령의 역사하심으로 나타난 것입니다.

따라서 성경이 읽는 모든 이들에게 영향을 주지 못하는 것은, 앞서 언급했듯이 성경책이 성령의 감동으로 기록된 책이기 때문에 그렇습니다. 성경책은 반드시 '성령의 감동'으로 읽어야지, '학문적'으로 또는 '교훈적'으로, '역사적'으로만 읽는다면 읽는 사람의 그 전제와 한계 내에서만 이해하게 됩니다. 예를 들어, 오렌지 주스를 한 번도 보지도, 마셔보지도 못한 사람에게 오렌지 주스에 대해 이야기를 하면 듣는 사람은 오렌지 주스는 '노란색에 시큼하고 달고 시원하다'는 정보에 대해 그런가보다 생각할 뿐이지 진짜 오렌지 주스가 무엇인지 이해하거나 깨닫지 못하는 것과 마찬가지인 이치입니다.

저는 많은 사람들이 성령을 받았다고 하면서 성경에 나와 있지도 않은 체험들을 이야기하며, 신비주의에 빠지는 것을 많이 목도했습니다. 한때 한국 교회를 강타했던 기도원 운동 속에서 수많은 기도원들 가운데 그런 분들을 어렵지 않게 볼 수 있었습니다. 때로는 주님의 몸 된 교회에 문제를 일으키는 경우도 많이 보았습니다. 이와 반대로, 성경에 나와 있는 성령의 역사들을 단지 본인이 체험하지 못했다는 이유로 경시하거나 부인하는 경우도 적지 않게 보았습니다. 아무리 훌륭하신 분이시며 또는 학자라 하여도 그 분이 목사님이라고 하여도 성경에 나와 있지 않은 성령의 체험들을 이야기한다면 그것을 우리는 검증할 방법이 없게 됩니다. 따라서 그것은 금지되어야 할 것입니다. 또한 내가 비록 체험하지 못했어도 그것이 성경에 나와 있다면 그것이 내가 경험하지 못했다 할지라도 우리는 인정해야 할 것입니다.

성경은 예수 그리스도에 대한 기록입니다. 따라서 어느 성경 구절을 전해도 예수 그리스도를 전하지 않으면 잘못된 해석이라 할 수 있습니다. 예수를 통해 인류의 생명을 구원하기 위하여 성경이 기록되었기 때문입니다. 반드시 성경은 구속사적(예수 그리스도를 통한 구원) 입장에서 해석되어야 합니다. 이 성경을 기록한 장본인이 바로 성령이시기에, 내 안에 성령이 임재 하시고, 그 내주하시는 성령이 나로 하여금 성경을 읽게 하고, 깨달아 받아들이게 하지 않으면 이 성경의 놀라운 비밀을 올바로 이해하지 못하게 됩니다.

> "너희가 성경에서 영생을 얻는 줄 생각하고 성경을 상고하거니와 이 성경이 곧 내게 대하여 증거 하는 것이로다"(요 5:39)

> "모세와 모든 선지자의 글로 시작하여 모든 성경에 쓴바 자기에 관한 것을 자세히 설명하시니라"(눅 24:27)

모든 신, 구약 성경은 '예수 그리스도'에 대해서 기록한 것입니다. 말씀을 전하는 자는 무슨 말씀을 전하든지 거기서 예수 그리스도가 나타나야 하고, 듣는 성도들은 무슨 말씀을 들어도 예수님을 발견하고 깨달아야 합니다. 이 말씀을 하나님의 말씀으로 받아들인 데살로니가 교인들은 이 말씀을 들을 때마다 새 힘을 얻었으며, 생명을 얻었다고 성경은 기록하고 있습니다 (살전 2:13, 행 19:20)

> "오직 이것을 기록함은 너희로 예수께서 하나님의 아들 그리스도이심을 믿게 하려 함이요 또 너희로 믿고 그 이름을 힘입어 생명을 얻게 하려 함이니라"(요 20: 31)

성경을 기록한 목적은 첫째, 예수를 믿고, 둘째, 예수의 이름으로 힘을 얻고, 셋째, 생명을 얻기 위함입니다. 이 성경을 읽고 전하고 듣고 묵상할 때에 예수 그리스도를 발견해야 하고 성령의 도우심으로 이 성경이 이해되고 그분을 믿는 믿음이 생겨야 하며 궁극적으로는 생명을 얻고 구원을 받아야 합니다.

예수님과 성령님

/

2

"말씀이 육신이 되어 우리 가운데 거하시매 우리가 그의 영광을 보니 아버지의 독생자의 영광이요 은혜와 진리가 충만하더라"(요 1:14)

'은혜'와 '진리'가 충만한 분, 바로 예수님이십니다. 그 분은 어느 한 쪽이 아니라 두 가지를 모두 겸비하신 분이십니다. 하나님은 우주 만물 만드실 때 상대적으로 하늘과 땅, 천당과 지옥, 남자와 여자, 낮과 밤, 동물과 식물, 좌와 우, 상과 하, 큰사람과 작은 사람, 성경 자체도 구약과 신약, 두 개가 하나가 되게 하셨습니다. 하나님의 형상을 닮은 우리의 신체 기관이 두 개가 짝을 이뤄 하나의 기능을 하는 것이 많습니다. 눈, 귀, 코, 팔, 다리, 신장, 폐, 고환, 난자, 이것들이 짝을 이뤄 하나의 기능과 역할을 하고 있습니다. 예수님은 은혜와 진리로 짝을 이룬다고 나와 있습니다. 여기에서는 은혜와 진리로 예수님의 속성을 구분하고 있습니다.

　　은혜가 무엇입니까? 성경적으로 바로 성령을 의미하는 것입니다. 진리는 무엇입니까? 바로 말씀을 의미하는 것입니다. 그래서 예수님의 본질은 '성령'과 '말씀'입니다. 예수님은 성령으로 잉태되시고 ^(마 1:18,20), 말씀이 육신이 되어 이 땅에 오셨습니다 ^(요 1:1,14).

　　성령은 또한 '물'로 또는 '피'로 상징됩니다 ^(마 20:22-23, 마 26:27, 마 26:39, 고전 10:21, 고전 11:25, 요 7:38-39). 반면, 말씀은 '떡' 또는 '살'로 상징화됩니다 ^(마 26:26, 눅 22:19, 요 6:51, 요 6:58, 요 1:1,14). 살과 피를 구별해서 말할 수 없으며, 피 없는 살은 살아있는 것 같으나 실상은 죽은 것이요, 꺾어진 꽃과 같다고 할 수 있습니다. 살 밖에 있는 피는 죽은 피고 좋지 못한 냄새가 나기 때문에 파리가 모이게 되고 곧 썩고 응고되어지기 마련입니다. 피는 살 안에 있을 때에만 그 역할을 하는 것입니다.

　　또한, '포도주'라는 말은 '예수님의 보혈'을 상징하고, '성령'을 말하고, 그리고 '은혜'를 말합니다. 반면 '생명의 떡'은 '예수님의 살'을 말하고, '예수님의 말씀'을 말하고, 그리고 '진리'를 말합니다. 따라서 예수님을 바로 믿는다고 할 때, 은혜와 진리, 이 두 가지를 모두 겸비하였는지를 살펴보고 진단할 수 있는 것입니다. 따라서 말씀만도 아니고 성령만도 아닙니다. 말씀과 성령, 물과 성령, 은혜와 진리가 잘 겸비가 되어야 합니다.

　　진리만을 강조하는 사람들을 보면 말씀 중심, 즉 말씀에 대한 우선순위를 강조합니다. 언뜻 보기에는 맞는 이야기인 것 같으나 실상은 경건의 모양은 있으나 능력은 없는 시체와 같습니다. 율법에 능통하였던 아볼로는 성령을 알지 못하여 평신도였던 브리스길라와 아굴라가 그에게 성령에 대해서 알려주었습니다^(행 18:24-26, 19:1-3). 사마리아 교회의 경우에는 교회 전체에 성령이 임한 사람이 단 한 명도 없었다고 하였고, 안수 기도를 받은 후에야 성령을 받았다고 기록하고 있습니다^(행 8:16-17). 이외에 에베소 교회 역시 성령이 계심을 듣지 못했다고 기록하고 있습니다^(행 19:1-3). 아볼로도, 에베소 교회도 요한의 세례만 알았는데, 이들이 바울을 통해서 안수를 받고 성령이 임하니, 방언도 하고 예언도 하였다고 기록하고 있습니다^(행 19:5-6).

그러나 에베소 교회는 나중에 첫 사랑을 잃어버린 교회가 되었고^(계2:1-5), 사데 교회는 살았다고 하나 실상은 죽은 교회였으며^(계 3:1), 라오디게아 교회는 뜨겁지도 차갑지도 않은 교회가 되었습니다^(계 2:15). 이 모든 원인은 바로 성령이 소멸되었기 때문입니다. 그래서 다윗은 성령을 거두지 마시기를 간구하였습니다^(시 51:11). 이것은 우리아의 아내, 밧세바를 범하고 회개한 시로 죄가 성령의 소멸과 관련됨을 확인할 수 있습니다. 사람이 죽으면 점점 차가워지듯이 성령이 소멸되면 개인이나 공동체, 교회 또한 차가워지고, 표정도, 언어도, 분위기도 냉랭하고, 사랑도, 온기도 사라집니다. 이런 사람들이나 교회는 쉽게 남을 정죄하고 싸움이 잦게 되는 것입니다.

반면, 은혜는 앞서 말했듯이 '포도주, 피, 성령'을 말하는 것입니다. 혈기가 왕성해서 전도도 잘하고, 봉사도 잘하고, 기도도 잘하고, 뜨거운데 너무 펄펄 뛰고 뜨거워서 마치 취한 것 같은 상태입니다. 기도도 많이 하고, 성령의 역사하심을 인정합니다. 그러나 성령의 은사만을 추구하면서 말씀을 무시하고 등한시할 때, 도리어 악한 영이 역사하게 됩니다. 예수님께서도 성령의 역사가 나타날지라도 언제든지 버림받을 수 있음을 수 없이 말씀하셨습니다. 주님의 이름으로 귀신을 내어 쫓아도 주님은 그를 모른다고 하셨습니다. 이는 '말씀 밖의 피'요, '떡'을 먹지 않고 '포도주'만을 주식으로 삼는 것이라 할 수 있겠습니다(마 7:21). 성경 안에 없는 것은 어떠한 것도 성령의 역사로 인정될 수 없으며, 말씀 중심이 아니라 체험 중심의 신앙생활은 자칫 그리스도 밖의 악한 영의 도구로 사용되어질 수 있습니다. 때문에 성령의 역사는 언제나 말씀 안에서만 움직이는 것이지, 말씀 밖에서 움직이지 않기 때문에, 모든 성령의 역사는 말씀 안에서 이해되어지고, 말씀으로 증명되어야 합니다.

말씀 밖에서 꿈꾸는 자들은 꿈꾸는 자들끼리, 말씀 밖에서 예언하는 자들은 예언하는 자들끼리, 말씀 밖에서 신유를 주장하는 자들은 그들끼리 교만하여 자신들이 신성하다고 여기면서 다른 이들을 쉽게 정죄하고 판단하게 되는 것입니다.

> "예수께서 대답하시되 진실로 진실로 네게 이르노니 사람이 물과 성령으로 나지 아니하면 하나님의 나라에 들어갈 수 없느니라"(요 3:5)

> "바람이 임의로 불매 네가 그 소리는 들어도 어디서 와서 어디로 가는지 알지 못하나니 성령으로 난 사람도 다 그러하니라"(요 3:8)

성령으로 거듭나지 아니하면 하나님의 나라에 들어 갈 수 없으며, 성령은 '바람'에 비유되었는데 오는 방향과 가는 방향을 알지 못하고 보이지도 아니하지만, 바람에 잎사귀가 날리는 것과 같이 성령으로 새롭게 태어난 사람은 언어와 생각, 그리고 생활에서 반드시 그 모습이 드러나게 되어 있습니다.

> "너희가 내 안에 거하고 내 말이 너희 안에 거하면 무엇이든지 원하는 대로 구하라 그리하면 이루리라"(요 15:7)

신앙은 지식이 아니고 성령님이 내주하시는 실제적 체험입니다. 그 가운데 말씀 또한 역사를 하는 것입니다. 그럴 때 비로소 '내가 예수님을 믿는 것은 받은 증거가 많기 때문'이라고 찬양하게 되고, '이것이 나의 간증'이라고 찬송할 수 있는 것입니다. 받은 증거가 없으면 신학은 했는지 몰라도 신앙은 없는 것이고, 그것은 성령의 역사를 경험하지 못한 사마리아 교회, 에베소 교회, 그리고 율법박사 아볼로와 다름이 없는 것입니다.

성령님이 임하실 때 나타나는 현상

3

바람, 지진, 불과 언어의 변화

사도행전 2장에 보면, 오순절에 제자들이 한 곳에 모였는데 갑자기 급하고 강한 바람소리가 온 집에 가득했고(행 2:2), 불의 혀처럼 갈라지는 것이 보이고(행 2:3), 그들이 다 성령 충만함을 받아 각기 다른 언어를 말하기 시작했다고 나와 있습니다(행 2:4).

성령이 임할 때는 생각으로만 일어나는 것이 아니고, 실제로 육체가 느낄 수 있도록 소리가 들리고, 눈으로 보이고, 몸으로 느낄 수 있는 요동함과 흔들림을 느꼈다고 합니다(행 4:31).

구약성경에는 바람과 함께 하늘로 올라가는 모습을 봅니다.

"두 사람(엘리야와 엘리사)이 길을 가매 불 수레와 불 말들이 두 사람을 갈라놓고 엘리야가 회오리바람으로 하늘로 올라가더라"(왕하 2:11)

마치 에덴동산에 다시 들어가지 못하도록 불 칼이 막았던 것처럼(창 3:24), 불 수레와 불 말들은 엘리야와 엘리사의 사이를 갈라 놓는 역할, 두 사람 사이를 막는 역할을 했습니다.

바람이라는 자체가 본래 성령을 뜻하는 것으로 신약에서는 '프뉴마', 구약에서는 '르아흐'라고 발음하며 이는 '숨', '호흡', '바람'을 말합니다. 하나님이 인간의 코에 생기를 불어 넣어 사람을 생령이 되게 하셨고(창 2:7), 예수님이 부활 후 제일 먼저 하신 말씀은 "숨을 내쉬며 성령을 받으라"라고 하셨습니다(요 20:22).

회오리바람을 타고 하늘로 승천한 엘리야는 강력한 성령의 바람으로 승천하였음을 상징하며, 이것은 우리 역시 성령으로 거듭남으로 승천할 것을 예표하는 사건이 됩니다. '성령'은 기독교에서 가장 강력한 핵심 교리입니다. 이것은 '선택'이 아니라 '필수'임을 받아들이고, 구하고 받아서 충만한 삶을 영위하여야 합니다.

사도행전 2장에 그들이 성령 충만을 받고 빌기를 다하며 그곳이 진동했던 것처럼(행 4:31), 바울과 실라도 빌립보 감옥에 갇혔을 때 그들의 기도와 찬송 후에 큰 지진이 나며 옥문이 열렸다고 했습니다(행 16:26). 이는 성령의 역사는 심리적인 상태만을 말하는 것이 아니라, 우리의 일상의 삶 가운데에서도 성령께서 영향을 주고 있음을 말합니다. 그래서 하나님의 나라는 말에 있지 아니하고 오직 능력에 있습니다(고전 4:20).

> "너희가 악할지라도 좋은 것을 자식에게 줄줄 알거든 하물며 너희 천부께서 구하는 자에게 성령을 주시지 않겠느냐 하시니라"(눅 11:13)

이렇게 성령은 바람과 진동, 지진과 연관이 있으며 언어와도 밀접한 관계가 있습니다.

"믿는 자들에게는 이런 표적이 따르리니 곧 그들이 내 이름으로 귀신을 쫓아내며 새 방언을 말하며"(막 16:17) 여기서 새 방언은 새로운 혀를 뜻합니다. 믿는 자들에게 나타나는 증거 하나가 곧 혀의 변화입니다.

"저희가 다 성령의 충만함을 받고 성령이 말하게 하심을 따라 다른 방언으로 말하기를 시작하니라"(개역 한글, 행 2:4) 개역 개정판에서는 '다른 언어'라고 번역되어있습니다. 성령이 임하면 다른 언어로 말하게 된다는 것입니다.

마가의 다락방에 나타난 성령의 역사는 불의 혀같이 갈라진 모양으로 각 사람 머리 위에 보였다고 기록하고 있다(행 2:3). 왜 하필 혀 바닥 모양이었을까요? 성령은 혀와 언어의 변화와 밀접한 관계가 있다고 하겠습니다. 바벨론에서 저주 받았던 혀가 오순절 날 저주가 풀리게 되어 하나의 언어로도 소통이 되지 않았던 인류가, 여러 언어와 여러 민족들이 서로를 이해하며 소통하는 것을 볼 수가 있습니다.

엠마오로 내려가던 두 제자가 예수님이 말씀을 풀어 주실 때에 마음이 '뜨거워졌다'고 하였고(눅 24:32), 하나님의 말씀은 '불'같다 하셨으며,(렘 23:29) 에덴동산을 '화염검'으로 막았다고 하셨습니다(창 3:24). 하나님 자체가 '소멸하는 불'이라 하셨고(신 4:24, 히 12:29), 하나님께서 사용하시는 '불'이 하늘에서 비같이 내렸다고 하였습니다(창 19:24, 욥 1:16). 모세는 떨기나무에서 나무를 태우지 않는 '불'을 보았고(출 3:2), 지진 후에 '불'이 있었다 하였고(왕상 19:12), 하나님의 입에서는 '불'이 나와 사른다고 했습니다(시 18:8). 예수님도 '불'을 땅에 던지러 왔다 하셨고(눅 12:49), 우리를 '불'과 성령으로 세례를 주신다고 했습니다(마 3:11).

성령은 오늘도 우리에게 시원한 바람, 진동, 그리고 불을 내려주시는 현상들을 보여주십니다. 예수를 믿어도 시원하지 않고, 예수를 만나도 진동도, 떨림도, 감동도 없다면, 예수를 의지해도 혀의 온전한 변화도, 뜨거움도, 열정도 없다면, 나의 성령은 소멸된 것으로 보아야 합니다.

제2장

변화된 증거들

'불'같은 성령님이
임하시면

1

사도행전 2:17-19에 보면, 말세에 남자나 여자나 성령을 모든 육체에 부어 주신다고 하셨습니다. 성경은 성령을 '불'로 비유했습니다. '성령의 불'은 뜨겁지만 시원하고, 기쁨과 위로, 즐거움을 동반합니다. 반면, 회개가 선행되지 않는 '악한 영의 불'은 불쾌하고 개운하지 아니하며, 사랑은 없고, 정죄와 분노, 미움 그리고 초조와 불안함을 동반합니다. 마귀도 자기를 광명의 천사로 가장하고 거짓 사도도 참 사도로 가장을 합니다(고후 11:13-15).

"거짓 그리스도들과 거짓 선지자들이 일어나서 큰 표적과 기사를 일으켜 할 수만 있으면 택하신 자들도 미혹케 하려 함이라"(마 24:24)

어떤 사람과 공동체에 기적과 이적이 일어났다고 해서 그것을 분별없이 쫓아다닐 것이 아니라, 그것이 참으로 성령 안에서 일어난 기적들인지 살펴보아야 합니다. 그러므로 성령의 불과 악한 영의 불을 분별하는 지식이 없으면 망하게 되는 것입니다(호 4:6, 왕상 18:38, 계 20:9). 내가 받은 뜨거움과 불이 호렙산의 나무를 태워버리는 것이 아니라 '살리는 불'이요, '죄악을 도말하는 불'이요, '혀를 새 언어로 바꾸는 불'이 되고, 마음이 뜨거워지고 내 안에 예수 그리스도를 향한 열정이 넘쳐 난다면, 그것이 바로 '불' 같은 성령이 임재 하신다는 참된 증거라고 할 수 있습니다.

'불' 같은 성령께서 어떻게 우리를 변화시키는지 살펴보겠습니다.

첫째, '불'은 열로서 그 존재를 증명합니다.

그래서 미움도 녹고. 불순종도 녹고. 하나님의 사랑과 은혜에 모든 것이 녹아 없어져 버립니다. 그러나 성령의 은혜가 없으면 전혀 녹지 않습니다. 성도가 내 마음대로 되지 않고, 목사가 내 맘대로 되지 않고, 부모와 자식이, 배우자가 내 마음대로 되지 않습니다. 그러나 '성령의 불'이 임하시면 그러한 상대방도 감동시키며 녹여버립니다.

찬양하는 것만 보아도, 기도하는 것만 보아도, 봉사하는 것만 보아도 알 수 있고, 헌금하는 것만 보아도 '성령의 불'이 임했음을 알 수 있지만, 무엇보다 기도하다가 뜨거운 눈물과 콧물을 흘리고, 찬양하다가 뜨겁게 박수치고, 말씀을 듣다가 뜨겁게 '아멘'을 외치는 것은 내 안에 뜨거운 성령의 불이 임했기에 나타나는 현상입니다.

둘째, '불'은 죄악을 태워버리는 성질이 있습니다.

평소 절대로 끊지 못하던 죄의 속성이 '성령의 불'로 생각도 나지 않고 손도 대지 못하게 됩니다. 육체의 정욕을 제어할 유일한 방법은 바로 '성령의 불'입니다. 주변에서 술과 담배를 끊지 못하던 분들이 갑자기 은혜를 받고 끊어 버리는 경우를 어렵지 않게 봅니다. 사람의 의지로는 끊지 못해도 성령의 불로 제어가 되는 것입니다.

루이스 에드가 존스(L. E. Jones, 1885-1936)가 만든 찬양 "죄에서 자유를 얻게 함은(Would you be free from your burden of sin?)"이라는 찬양에서 '육체의 정욕을 이길 힘은 오직 보혈의 능력'이라고 외치고 있습니다.

한국 초대 교회사에 보면 김익두라는 깡패가 장터에 나가 상점 주인들에게 돈을 뜯어내고 사람을 패던 망난이에서 예수님을 만나고 새롭게 변화되는 것을 볼 수 있습니다. 이는 사람의 힘으로 되지 아니하고 오직 성령의 불로 옛 죄악을 태어버린 결과라고 할 수 있겠습니다.

셋째, '불'은 익히는 성질이 있습니다.

떡은 잘 구워 제사상에 올리고, 제물은 완전히 태워 번제로 드립니다. 그렇다면 우리는 설익은 신자입니까? 아니면 잘 익은 신자입니까? 잘 익은 신자는 비린 냄새가 나지 않고, 말씀도 잘 받아들여 소화시키는 반면에 설익은 신자는 말씀을 소화도 시키지 못하고 거부 반응을 일으킵니다. '성령의 불'은 이렇듯 말씀을 잘 받아들여 완전히 소화시킬 수 있도록 합니다.

사도행전에 보면 스데반 집사의 설교를 듣고 마음에 찔림이 있고서도 회개하지 않고 오히려 불편해하고 그를 향해 이를 갈고 죽이려고 하는 장면이 나옵니다(행 7:54). 이는 이들이 아직 익혀지지 않아서 그렇습니다. 아직도 나의 자아가 죽어지지 않아서 그렇습니다.

사도바울이 고린도후서 11장 6절에 말에 부족하다고 한 부분을 들어 그의 설교가 약했다고 하는 분들이 있습니다. 그러나 성경을 자세히 읽어 보면 사도바울의 설교를 듣기를 위해 귀부인들이 그를 쫓아다니고, 각 지역의 총독과 사람들이 그의 가르침을 듣고 놀랐다고 기록하고 있습니다(행 13:2). 심지어 그의 설교를 다시 해 달라고 설교 앙코르를 받기까지 하였습니다. 그럼에도 왜 바울은 그의 설교가 부족하다고 하였을까? 아직 죽어지지 못한 자기의 자아가 강한 자들이 사도바울의 설교를 가지고 비판하고 재단하고 있었던 것입니다. 심지어 예수님의 설교를 듣고도 비판하는 무리가 적지 않았음을 우리는 볼 수 있습니다.

넷째, '불'은 빛을 발합니다.

그러므로 앞길이 캄캄하지 않고, 얼굴이 어둡지 않고, 마음이 답답하지 않습니다. 다석 류영모는 얼굴이 '얼의 꼴' 즉, 마음의 모양이 '얼굴'이라고 했습니다. 그런데, 내 얼굴에 그늘이 있고, 어두운 상태라면 나의 마음이 어두운 것입니다. 그것은 미래가 어둡고 캄캄하게 느껴서 그럴 것입니다. 이는 불 같은 성령을 못 받은 증거라 할 수 있겠습니다. 어둠은 빛을 이길 수 없기 때문에 '성령의 빛'을 불편해하고, 자꾸 피하게 됩니다. 교회도 마찬가지로 '불같은 성령'이 임하면 그 주변을 밝히게 됩니다.

노년에 정신병원에까지 입원해서 죽기로 결심했던 KFC의 창업자 커넬 샌더스는 병원의 채플실에서 들려오는 '너 근심 걱정 말아라'는 찬송을 듣고 그렇게 울었다고 합니다. 그리고 그의 얼굴에 수색이 사라졌다고 합니다. 사무엘상을 보면 아이를 낳지 못하던 한나가 브닌나의 격동으로 늘 얼굴에 수색이 가득했다고 합니다. 그러나 기도 후에 얼굴에 기쁨이 회복되는 것을 볼 수가 있습니다. 다석 류영모는 기쁨을 기가 뿜어져 나오는 것이라고 했습니다. 다시 힘을 회복한 것입니다. 엘리야는 이세벨이 자기를 죽이러 온다는 소리를 듣고 로뎀나무 아래서 하나님께 죽여 달라고 하지만, 주님을 만나고 다시 기쁨을 회복합니다. 성령의 불은 나의 얼굴을 빛나게 하고, 나의 미래를 환하게 합니다. 이것이 믿음이고 성령 받은 자의 삶인 것입니다.

다섯째, '불'은 주위를 따뜻하게 합니다.

불은 따뜻하기에 성도간이나, 가정에서나, 사람과의 관계에서 차갑거나 얼어 있지 않고 서로를 감싸줍니다. 비록 난로가 예쁘지 않아도, 오래 되고, 부식되어도, 따뜻하기만 하면 추위에 떨고 있던 사람들이 모여들게 되어 있습니다. 이는 '온유한 자는 땅을 차지하리라'는 예수님의 팔복 (사실은 구(9) 복이다)과 같은 맥락에서 이해되어질 수 있습니다.

모닥불도 모여야 잘 타는 것입니다. 따뜻한 사람과 교회는 사람들이 모여들게 되어 있습니다. 제가 사는 팜 스프링스 (*Palm Springs*)는 겨울에도 따뜻하여, 겨울이 되면 전 세계에서 사람들이 모여듭니다. "두 사람이 함께 누우면 따뜻하거니와 한 사람이면 어찌 따뜻하랴"(전 4:11). 하나님은 우리를 짝 지어 주시고 서로 따뜻하게 위하며 살게 창조하셨습니다.

> "여호와 하나님이 이르시되 사람이 혼자 사는 것이 좋지 아니하니 내가 그를 위하여 돕는 배필을 지으리라 하시니라"(창 2:18).

여섯째, '불'은 아무리 작아도 번지는 성질이 있습니다.

'작은 불' 하나가 산 하나를 다 태워버리는 것처럼 불은 퍼지고 전염되는 확장성이 있습니다. 나 하나로 끝나는 것이 아니라, 나하고 함께 거하는 가족, 동료, 친구, 이웃 등 총망라하여 하나둘씩 '성령의 불'로 전염시키고 확장시키는 역할을 하게 됩니다. 제가 사는 캘리포니아는 여름이 되면 건조하여 대규모 산불이 가끔씩 나고 있습니다. 이는 나중에 알고 보면 작은 담뱃불 하나가 산을 뒤덮기도 합니다. 천국은 누룩과 같아서 퍼진다고 했습니다. 갈릴리에서 시작된 복음이 이제 땅 끝까지 퍼져 나가고 있습니다. 성령의 불을 받은 사람은 그 불을 전할 수밖에 없습니다.

"너는 말씀을 전파하라 때를 얻든지 못 얻든지 항상 힘쓰라"(딤후 4:2).

'물' 같은 성령님이 임하시면

/

3

　예수님은 '물'을 '성령'이라고 하셨습니다(요 7:38). 물은 또 '말씀'이라고도 하셨고, 물을 다른 곳에는 '예수님' 자신이라 했습니다(요 4:14). 요한복음에는 말씀이 '예수님' 자신이라고 했습니다(요 1:1). 따라서 성경에 나오는 '물'과 '말씀'은 같은 것이라 할 수 있습니다(요 6:35, 엡 5:26). 그리고 때로는 '물'과 '성령'도 같은 것으로 해석하고 있습니다. 이는 살과 피를 분리할 수 없는 것과 마찬가지입니다.

　"증거 하는 이는 성령이시니 성령은 진리니라"(요1서 5:7)

　예수님은 자신이 길이요 진리라고 하였는데 위에는 성령이 진리라 말하고 있습니다.

> "증거 하는 이가 셋이니 성령과 물과 피라 또한 이 셋이 합하여 하나이니라"(요1서 5:8)

　이는 본질적으로 성령님과 예수님이 하나이기 때문에 그렇습니다. 에스겔서에는 성전에서 생수의 물이 흘러나와 흘러가는 곳마다 살아나는 역사가 있다고 하였고(겔 37:1-12), 제단에서 하나님의 말씀과 성령이 함께 흘러가는데, 이것이 세상 곳곳으로 흘러가면 모든 것이 살아나고 회복된다는 말씀입니다.
　그러나 모든 물이 예수님 때로는 성령님을 지칭하는 것이 아니라 성경에는 항상 양면성을 가지고 있습니다. 하나의 단어에 서로 상반된 의미를 내포하고 있습니다. 흘러가는 물, 강물은 언제나 은혜로 나타나지만 바닷물, 고인 물은 항상 죄악된 '세상'을 상징합니다. 바다는 파도가 있고, 풍랑이 있으며, 환난이 있습니다. 그래서 '방주'는 세상의 물이 들어오지 않도록 하는 역할을 하고 있는 것입니다. 그리고 오늘날 교회는 '구원의 방주'로 예표 되는 것입니다.
　반면 내륙의 물은 '생수'와 '강물', '샘물'로 구별하는데 이것은 말씀과 성령을 상징합니다. 우리가 찬양할 때도 '강물 같은 주의 은혜'라 하며, '생수와 같은 말씀'이라고 이야기합니다. 선지자가 부족한 것이 아니라 여호와의 말씀을 올바로 전하는 선지자가 부족하여, 아모스는 지금은 여호와의 말씀을 듣지 못한 기갈이라고 했습니다(암 8:11). 그래서 이사야는 목마른 자들은 다 생수의 강으로 나아오라고 했습니다(사 55:1, 3).

'물'은 모든 세계의 가장 근원되는 창조의 근본 물체이며(벧후 3:5), 하나님이 태초에 물 위에 운행하셨다고 하셨습니다(창 1:2). 반면, 마귀는 물 없는 곳을 다닌다고 기록하고 있으며(마 12:43, 눅 11:24), 마귀를 따르는 자들은 물 없는 샘이고(벧후 2:17) 곧 사탄의 밥이 되는 것입니다(창 3:14).

이번에는 '물'과 같은 성령의 속성에 대해 살펴보고자 합니다.

첫째, '물'은 색깔이 없습니다.

성령 또한 색깔을 가지고 있지 않습니다. 교회 내에서 색깔을 가지고 강하고 독특한 성격으로 여러 사람과 불협화음을 일으키는 것은, 개성이 아니라 생수로 거듭나지 못했음을 의미합니다. 물은 씻는 역할을 하고(엡 5:26), 하나가 되는 특징이 있습니다.

교회나 공동체에서 자기를 드러내는 것은 물이 순수한 생수가 아니라 오염되었다고 할 수 있습니다.

"어느 때나 하나님을 본 사람이 없으되 만일 우리가 서로 사랑하면 하나님이 우리 안에 거하시고 그의 사랑이 우리 안에 온전히 이루느니라"(요 1서 4:12)

하나님이 없는 삶은 천국이 아니라 지옥입니다. 천국은 드러내지 않는 우리의 사랑으로 가능합니다.

둘째, '물'은 투명합니다.

그 속을 알 수가 없는 것이 아니라, 너무 투명하고 맑아서 가릴 것도 없고 예측 불가능하지도 않습니다. 멕시코의 메리다 반도에 가면 세계적인 휴양지 칸쿤(*Cancun*)이 있는데, 바닷가에 가보니 물이 너무 투명하여 땅속 깊은 곳까지 다 보입니다. 이 성령의 말씀은 우리로 성경의 진리 깊은 곳까지도 보이게 하여 깨닫게 하고 (딤후 3:16), 사람의 깊은 내면까지도 꿰뚫어보아 그 사람의 생각과 영적 상태도 가늠할 수 있는 것입니다(잠 20:27).

반면, 성령을 받지 아니한 사람은 불투명하여, '열길 물속은 알아도 한길 물속은 모른다.'는 한국의 속담처럼 그 속을 알 수가 없으며, 앞에서 하는 말과 뒤에서 하는 말이 같지 아니하며, 자기를 의인으로 포장하고 광명의 천사로 꾸미는 것입니다.

기독교인은 물처럼 숨기는 것이 없고 투명해야 합니다. 사람과의 관계도 재정도 모든 것에 거리낌이 없어야 합니다. 이는 성령 받은 사람들에게 나타나는 현상 중 하나입니다.

셋째, '물'은 반드시 낮은 곳으로만 흘러갑니다.

물이 낮은 곳으로 흘러가듯이 성령은 낮아지는 사람에게만 임합니다. 하나님이 제일 싫어하는 것이 교만이고^(잠 16:5), 이 교만은 패망의 선봉이라고 했습니다^(잠 16:18, 18:12). 교만은 항상 욕도 같이 따라오게 되어 있고^(잠 11:2) 교만하기에 다툰다고 나와 있습니다^(잠 13:10).

목사도 교만해지면 심령이 메말라지고, 높아지면 성령이 쏟아집니다, 받은 은혜를 유지하는 최고의 비결은 자기를 낮추고, 항상 자기를 죽이는 것 외에 다른 방법이 없습니다. 사도바울이 날마다 성령이 충만했던 것은 그가 날마다 죽었기 때문입니다. 기도를 많이 해도 성령을 못 받은 것은 교만하기 때문이고, 열심히 교회를 다니고 봉사를 해도 은혜를 못 받는 것 역시 자기를 높이기 때문입니다.

넷째, '물'은 만나면 하나로 합칩니다.

여러 개의 강이 합쳐져 하나의 강을 이루는 것처럼, 물은 만나면 합칩니다. '지역'으로 나눠지고, '배운 것'으로 나눠지고, '집안 배경'으로 나눠지고, '민족'으로 나눠지는 것은 성령을 받지 못한 강력한 증거입니다. 유대 교회가 성령 충만할 때는 이방 선교를 하고 이방 나라와 하나가 됨을 볼 수 있습니다.

인류가 나눠지게 된 결정적인 사건이 바벨탑 사건입니다. 같은 언어를 썼던 사람들도 서로 말이 통하지 않게 되고 헤어지지만, 성령이 임하면 서로 민족과 언어가 달라도 하나가 되는 것입니다. 그래서 마가의 다락방은 그들이 서로 알아듣기 시작하였으며, 성령도 불이 혀 같은 모양으로 나타났습니다.

성령으로 하나가 되지 않은 가정은 부부 간에, 부모 자식 간에도 서로 하나가 되지 못합니다. 성경 전체에서 하나가 되지 못하면 망하는 장면을 너무 많이 봅니다. 이스라엘이 가나안 땅을 점령할 때 아이성에서 아간이라는 한 사람 때문에 망하는 것을 볼 수가 있습니다.

여리고성을 돌때는 다 같이 한 마음으로 7일을 돌게 하고 마지막 날에는 입도 열지 못하게 합니다. 기드온의 300 용사를 보면 두려워하는 자들은 돌려보냅니다. 마음을 같이 하지 못하는 자들을 돌려보내고 그리고 고개를 숙이고 물을 마시는 자도 돌려보냅니다. 즉, 행동도 함께 통일하지 못하는 자도 돌려보낸 것입니다. 전쟁의 승리는 연합과 화합에 있습니다.

교회도 마찬가지입니다. 성령 받은 교회는 그들의 출신이 어디이든 하나가 되어야 합니다. 그들이 전라도 출신이든, 경상도 출신이든, 서울 출신이든, 경기도 출신이든, 강원도 출신이든, 충청도 출신이든 하나가 되지 못한다면 어떻게 성령 받은 사람이라 할 수 있겠습니까?

정말 성령 받은 사람입니까? 그렇다면 혈연, 학연, 지연은 교회 공동체 안에서 융화되어 하나가 되어야합니다.

다섯째, '물'은 언제나 평평합니다.

우리는 성령 안에서 평등합니다. 성령 받으면 계층이 필요 없고, 차별이 없고, 구별만 있게 되고, 남녀노소가 하나님 안에서 하나가 되는 평등한 사회가 구현되어집니다. 천국의 모습을 보십시오.

> "이리와 어린양이 함께 먹을 것이며 사자가 소처럼 짚을 먹을 것이며 뱀을 흙을 양식으로 삼을 것이니 나의 성산에서는 해함도 없겠고 상함도 없으리라 여호와께서 말씀하시니라"(사 65:25)

이 얼마나 아름다운 모습입니까? 누가 누구를 해하는 것이 아니라 모두가 함께 어우르는 공동체가 바로 천국 아니겠습니까? 그것이 바로 성령 받은 공동체의 모습입니다.

주님은 이 땅에 건강한자 가진 자를 위해서 오지 않으시고, 병든 자를 위해서 가난한 자들을 위해서 오셨습니다. 모두가 함께 더불어 사는 사회를 구현하기 위해서 오신 것입니다.

여섯째, '물'은 고이면 썩습니다.

물은 흘러 보내든가 퍼내지 않으면 줄어들고 없어집니다. 옹달샘도 마찬가지입니다. 바가지로 자꾸 퍼내면 끝이 없이 나옵니다.

이것은 원색적인 진리인데, 퍼내지 않으면 그대로 있다가 시간이 지나면서 점차 줄어들기 시작합니다. 그래서 물이 점점 많아지려면 자꾸 자꾸 퍼내야 하며, 결국엔 샘의 근원이 다른 물줄기의 물을 빨아 와서 더 새롭고 더 풍성하게 됩니다. 이것이 소위 '마태 효과'라 하여 있는 자는 더 갖게 되는 원리입니다. 은혜 위에 은혜가 임하는 것입니다. 사막에는 비가 오지 않고 비가 그만 와도 되는 밀림에는 계속 비가 오는 것입니다.

기도도 하면 할수록 더 나오고, 봉사도 하면 할수록 더 하게 되고, 말씀의 비밀도 퍼뜨릴수록 말씀의 비밀이 더욱 열리게 됩니다. 전도도 하면 할수록 더욱 예수님의 증인된 삶을 살 수 있는 것입니다. 헌신도, 제물도 드릴수록 더 열리게 됩니다. 여기에 큰 비밀이 있습니다. 강물은 끝없이 흘러가기에 끝없이 퍼줘야 하고, 그 강물을 막으면 다 죽게 되고, 결국 모두가 죽게 되어 버립니다. 흘러 보내지 않는 것이 바로 '죄 중에 죄'라고 할 수 있습니다.

일곱째, '물'은 모든 것을 새롭게 창조합니다.

죽어가던 꽃도 물을 열심히 주면 살아납니다. 사람도 동물도 물 없이는 살 수 없는 것입니다. 사막을 가다가 종려나무를 만나면 그것이 땅 속에 물이 흐르는 생명의 오아시스를 발견한 것입니다. 물은 죽어가던 것을 살립니다. 식물도 물을 먹어 잎사귀를 내고 꽃을 내고 열매를 맺습니다. 예수님은 물과 성령으로 거듭나야만 천국에 들어간다고 니고데모에게 말씀하셨습니다.

이스라엘 초대 총리 벤구리온은 네게브 광야에 물을 끌어와 키부츠 농장을 만들어 그곳에 새로운 일자리를 만들고 죽었던 땅을 생명의 땅으로 바꾸었습니다. 그곳에서 나오는 포도는 전 세계에 수출이 되고 있습니다. 이는 그가 문자적으로 믿었던 이사야 43장 19절의 말씀을 통해서 기적을 만들어 낸 것입니다. "내가 새 일을 행하리니 광야의 길을, 사막에 강을 내리라"는 말씀을 그의 삶에 그의 나라에 그대로 적용 한 것입니다. 그래서 성령님이 임하면 새로운 창조의 길이 열리게 되어 있습니다.

여덟째, '물'은 움직이는 힘이 있습니다.

물은 큰 배도 물을 만나면 움직이기 시작합니다. 제가 사는 캘리포니아에 처음으로 서핑이 시작된 말리부(Malibu)에 가면 사람들이 파도의 물결을 따라 움직입니다. 성령은 사람을 움직여서, 게으르던 자가 부지런해지고 나태하던 자가 열정을 갖게 됩니다(잠 10:4). 부지런하여 사람을 다스립니다(잠 12:24). 목회자는 마치 목자가 자기 양떼와 소떼에 마음을 두듯, 밤낮 성도들의 형편을 살피고 목양을 하게 됩니다(잠 21:5). 이렇게 물은 나 자신 뿐만 아니라 그와 함께 있는 사람들의 마음을 함께 움직이게 만들며, 고레스 왕의 마음이 움직인 것처럼 도저히 움직일 것 같지 않던 사람의 마음을 움직이게 합니다.

성령 받은 자는 부지런하고, 개척하고 도전 하게 됩니다. 아브라함은 갈 바를 알지 못했지만, 주님이 약속한 땅으로 가게 됩니다. 사실 성경의 역사가 이민의 역사고 개척의 역사입니다. 하나님은 우리로 하여금 움직이게 합니다. 여호수아는 요셉지파에게 네가 살 땅을 개척하라고 하였습니다.

아홉째, '물'은 정화하는 능력이 있습니다.
아무리 더러운 오물들도 바닷물에 가면 다 용해가 되듯 성경에 나와 있듯이 사람이 어떠한 독을 마실지라도 해를 받지 않고 어떠한 더러운 말을 들어도 상하지 않습니다.

교회는 우리를 정화 시켜 주는 곳입니다. 말씀과 기도로 우리는 새사람을 덧입게 됩니다. 따라서 성령 받은 사람은 반드시 새로운 사람으로 다시 태어나야 합니다. 옛 습관을 벗어 버려야 합니다.

위에 언급한 아홉 가지 물의 속성을 살펴보면서 나는 과연 성령의 임재를 경험하면서 사는 사람인가를 점검해 보아야 합니다.

'포도주' 같은 성령님이 임하시면

/

3

천국은 '잔치 집'이라고 했습니다 (마 22:3). 성서 시대의 잔치 집에는 반드시 포도주가 따라왔습니다 (요 2:1-11). 구약에서는 성산에서 만민을 위하여 포도주로 연회를 베푼다고 기록하고 있습니다 (사 25:6-9). 성산에서 연회를 베푸는 바로 그것이 천국 잔치입니다. 잔치는 크게 두 가지로 하는데 하나는 '기름진 떡'이요 또 하나는 '맑은 포도주'입니다 (요 67:54-56).

'기름진 떡'은 '하나님의 생명의 말씀'이고, '포도주'는 그리스도의 피, 곧 '성령'을 의미합니다. 이 잔치에서 주님의 떡과 잔을 먹고 마시지 않는 자는 주님과 상관없는 자요, 만약 합당치 않게 먹고 마시면 죄를 먹고 마시는 자가 됩니다 (고전 11:27-29).

하나님의 성산에서 베푸는 천국잔치는 말씀의 떡과 성령의 포도주로 잔치를 하기에, 이 두 가지만 잘 받아먹으면 우리의 영이 살찌고, 우리를 죽이려고 늘 따라 다니는 사망을 영원히 소멸하여,

이생과 저세상에서 영원한 생명과 천국의 삶을 영위하게 됩니다.

포도주는 가죽 부대에 담는데, 새 포도주는 낡은 가죽부대에 넣어서는 안 되며, 반드시 새 가죽부대에 담아야만 합니다. 주님의 피는 언제나 새 포도주이기 때문에, 우리는 항상 유연하게 새 가죽부대가 되어야만 그것을 받아들이고 그것이 내 것이 되는 것입니다. 그렇지 않으면 가죽부대가 찢어지고 상하고 토설케 됩니다. 오늘날 말씀을 받아들이지 못하는 자들은 이미 그들의 가죽들이 오래 되어서 그런 것입니다.

새 포도주는 새 가죽에 넣어야 둘 다 보존됩니다. 성령은 모두 새 것입니다. 보혈도 새 보혈, 성령도 새 성령, 그래서 우리의 심령은 날마다 새로워져야 합니다.

"누구든지 그리스도 안에 있으면 새로운 피조물이라"
(고후 5:17)

예수님을 믿고 회개한 사람은 새 가죽, 새 부대가 된 사람입니다. 오늘 내가 말씀을 듣고 그것이 내 안에 소화가 된다면 내가 새 가죽 부대요, 내가 말씀을 받아들이지 못한다면 나는 낡은 옛 가죽 부대가 되는 것입니다.

'포도주' 같은 성령이 임하시면 어떤 변화가 나타납니까?

첫째, '포도주'는 술이기에, 성령 받는 것은 마치 술을 마시는 것과 같습니다.

성경은 "저희가 새 술에 취했다."라고 말합니다(행 2:13, 엡 5:18). 그래서 성령 충만한 교인을 때로 우리는 새 술에 취했다고 합니다. 찬양하는 것도, 예수 믿는 것도, 봉사하는 것도, 헌신 하는 것도 모든 면에서 세상의 기준으로 보기에는 정상적으로 보이지 않을 수 있습니다. 바울은 본인 스스로 "예수에 미쳤다"고 했으며(고후 5:13), 베스도 역시 그를 보고 "바울이 미쳤다"고 했습니다(행 26:24).

둘째, '포도주'에 취한 사람은 근심 걱정이 없습니다.

세상에서 걱정과 근심이 있으면 세상 사람들은 술을 마시지만, 예수님을 믿는 사람들은 성령에 취함으로써 근심 걱정이 사라집니다. 그래서 예수님은 "근심하지 말라"하셨고(눅 12:29, 요 14:1, 27), "내일 일을 염려하지 말고 한날 괴로움은 그 날에 족하다" 하셨습니다(마 6:34). 옥중서신의 하나인 빌립보서에서, 바울은 감옥에 있으면서도 그의 형편을 낙담하지 않았으며, 오히려 "기뻐하라"고 권면하였습니다. 성령에 취한 자로, 그는 하나님 안에서 참된 기쁨과 행복을 누렸습니다.

"주 안에서 항상 기뻐하라 내가 다시 말하노니 기뻐하라"(빌 4:4)

셋째, '포도주'에 취한 사람은 부끄러운 게 없어집니다.

성령에 취하면 자신의 부끄러움이 사라져, 박수 치며, 찬양하고, 춤추며 찬양하게 됩니다. 너무 기뻐서 뛰면서 찬양하게 됩니다(삼하 6:12-23). 사무엘의 어머니, 한나도 술 취한 여자처럼 수치를 모르고 기도했다고 나와 있습니다(삼상 1:10-18). 아담과 하와가 죄를 짓기 전에는 부끄러움을 전혀 느끼지 않았습니다(창 2:5). 예수님과 말씀을 부끄러워하면 하나님께서도 그 사람을 부끄러워하고 모르는 사람이라 말 하겠다고 하셨습니다(막 8:38, 눅 9:26). 그래서 사도바울은 복음을 부끄러워하지 않는다고 했습니다(롬 1:16). 전도와 기도를 그리고 예수님을 믿는 것을 부끄러워하는 사람은 그 자체가 성령을 받지 못했다는 증거입니다.

예수님은 '십자가의 수치와 죽음까지도, 그러한 부끄러움을 개의치 않으셨다'고 하셨으며(히 12:2) 베드로도 '그리스도를 믿음으로 받는 고난을 부끄러워하지 말고 영광을 돌리라' 했습니다(벧전 4:16). 여전히 공공장소에서 기도하거나 말씀을 나누는 것에 용기를 내지 못하고 부끄러워하는 것은 내 안에 포도주 같은 성령이 없기 때문입니다.

넷째, '포도주'에 취한 사람은 두려움이 사라집니다.

성령의 술에 취하니 두려움이 사라져 '예수를 알지 못한다'라고 부인하고 도망하던 제자들이 순교하기까지 이른 것은, 그들이 취해도 제대로 취했다는 큰 확증입니다. 사도바울도 그의 생명 조차도 아끼지 않았던 이유는 '성령의 술'에 취했기 때문입니다(행 20:23-24). 사마리아 여인이 사람들을 피하지 않고 동네로 내려가 복음을 전한 것도 그녀가 새 술에 취했기 때문입니다(요 4:28).

나는 오늘 제대로 예수님에게 취한 자입니까? 사도바울은 여러 사람들이 여러 곳에서 위험을 경고하며 그를 예루살렘으로 가지 못하게 하고, 로마로도 가지 못하게 막았지만, '로마까지 가야 한다'라고 말했던 것은 그 안에 두려움이 없었기 때문입니다(행 19:21). 하나님은 아브라함에게 '두려워 말라' 하셨고(창 15:1), 모세에게도 '두려워 말라'하셨으며(민 21:34), 이사야에게도 '두려워 말라. 놀라지 말라. 내가 네 하나님이라' 말씀하셨습니다(사 41:10). 왜 우리는 여전히 여러 가지 많은 문제 앞에서 두려워하고, 떨고 있습니까? 두려움은 하나님이 주시는 것이 아닙니다.

다섯째, '포도주'에 취하면 기쁨이 옵니다.

술에 취하면 원수와도 화해가 되고, 이해가 되고, 계산하지 않으며, 기꺼이 본인이 손해를 봅니다. 교인들끼리 싸움을 하고, 누구를 미워하고, 두고 보자는 심성은 '성령의 새 술'을 받지 않았다는 증거입니다. 술에 취하면 서로 술값을 내겠다고 하면서도, 교회에서는 이리저리 재거나 계산해가면서 신앙생활을 하는 것은 새 술을 받지 못했음을 말하는 것입니다. 길이 좁아도 기뻐하고, 원수도 화해되고, 물질도 아깝지 않은 것, 바로 그것이 성령의 새 술에 취한 사람의 모습입니다.

사도행전 8장에 보면 성령님이 빌립 집사를 광야로 가게 해서 에디오피아 여왕 간다게의 국고를 맡은 내시를 만나게 합니다. 그리고 그에게 다가가서 성경을 풀어 주니 복음을 영접하고 세례를 받게 됩니다. 성령은 빌립을 이끌어가고, 내시는 기쁨을 가지고 돌아갑니다^(행 8:39). 성령은 우리에게 말씀을 깨닫는 기쁨을 주고, 매사에 감사하는 기쁨을 줍니다.

여섯째, '포도주'에 취하면 찬양하며 춤을 춥니다.

술 취한 자들의 특징 중 하나가 노래하고 춤추는 것입니다. 새 술에 취하면 하나님을 밤낮 찬양하게 됩니다^(행 2:47). 초대 교부 문서를 보면, 초대 교인들은 '모이면 찬양했다'고 나와 있고, 초대 교회사에서도 초대 교회의 특징 중 하나가 '찬양'이라고 하였습니다. 다윗 역시 춤을 추며 하나님을 찬양했습니다. 그 모습을 보고 그의 아내였던 미갈이 그를 업신여겼습니다^(대상 15:29).

"춤 추며 그의 이름을 찬양하며 소고와 수금으로 그를 찬양할지어다"(시 149:3)

"소고 치며 춤 추어 찬양하며 현악과 퉁소로 찬양할지어

다"⁽시 150:4⁾

일곱째, '포도주'에 취하면 아까운 것이 없어집니다.

술에 잔뜩 취하면 돈을 아끼지 않고 내는 것처럼, 하나님을 위해 헌신하는 것에 있어 아까움이 없고 기쁜 마음으로 드리게 됩니다⁽출 25:2⁾. 우리가 하나님을 위하여 시간과 물질을 내는 것에 인색한 이유는 성령의 새 술에 취하지 못했기 때문입니다. 어떤 사람에게는 주일 하루를 하나님께 드리는 것조차 아깝지만, 또 다른 어떤 사람에게는 내 인생을 다 드려도 부족하고, 내 모든 것을 드려도 더 드리고 싶어합니다. 이는 그가 '성령의 새 술'에 취한 사람이기 때문입니다. 베다니 마리아가 아낌없이 옥합을 깨뜨리고, 동방박사들이 귀한 예물을 드렸듯이, 우리의 삶 또한 그러한 삶이 되어야합니다.

여덟째, '포도주'에 취하면 친구를 데리고 옵니다.

술은 벗과 함께 하며, 술 친구를 불러서 함께 마십니다. 성령의 역사는 새로운 사람을 계속해서 만나고 전하고 데려오게 합니다. 먼저는 가정부터이며⁽행 16:31⁾, 민족을 넘어서고, 국가를 넘어서 친구를 삼고 그들을 주께로 데리고 오게 되어 있습니다⁽행 1:8, 마 28:18-20⁾.

아홉째, '포도주'에 취하면 망각을 하게 합니다.

   술에 많이 취한 사람이 '필름이 끊겼다, 기억이 나지 않는다'고 하는데, '성령의 새 술'에 취하면 남의 허물이 생각나지 아니하고, 남의 실수가 생각나지 않습니다. 때로는 자신의 잘못마저 잊지 못하는 사람이 있는데, 하나님이 우리에게 주신 축복 가운데 하나가 '망각의 축복'입니다. 잊어야 할 것을 잊지 못하고, 잊지 말아야 할 것은 잊어버리는 경우가 너무 많습니다. 우리는 우리의 죄과와 실수, 내게 잘못한 모든 이를 잊고 용서해야 합니다. 이것은 인력으로 되지 아니하고, 오직 '성령의 새 술'에 취해야 가능한 것으로 성령 충만을 받지 않고는 방법이 없습니다. 하나님이 '우리의 죄를 다시 기억하지 않겠다'라고 하신 것처럼^(히 10:17) 우리도 이미 회개한 나의 죄와 실수, 내게 죄를 범한 자의 잘못을 잊어야 합니다.

'기름' 같은 성령님이 임하시면

4

성경은 성령에 대해서 기름으로 여러 곳에서 비유하고 있습니다. 기름 부음을 받게 되면, 모든 것을 알고, 가르침을 받게 된다는 것입니다(요1서 2:20, 27) 이것이 바로 지혜와 지식의 은사입니다.

성경에 나오는 기름은 먼저 구약에서 제사장을 세울 때와 왕을 세울 때, 그리고 선지자를 세울 때, 주의 사자가 양각 병에 기름을 담아서 부음으로 그 권한이 위임되었습니다.

지금도 목회자가 안수 받고 직분을 위임할 때에 구약시대와 같이 기름부음은 없지만, 영적으로는 기름 부음을 받아 하나님의 종이 되는 것입니다. 미국의 대통령은 취임식에서 성경에 손을 얹고 취임을 하고 대법원장이 선포를 합니다. 이러한 의식은 그 자리의 권한을 정당화하는데, 그리스도인들은 기름 부음을 받아 하나님의 자녀가 되는 권세를 위임 받습니다.

구약시대의 기름 부음은 다른 병으로는 안 되고 오직 양 뿔로

만든 양각 병으로만 그 권한이 정당화 되었습니다. 양각은 보통 때는 이것을 벽에다 걸어두고 병에다 기름을 담을 때 이것을 사용하여 위임을 합니다.

또한, 기름은 오직 감람유(올리브)만이 사용됩니다. 감람유를 담아다가 그 사람 머리에다 붓는데 아무에게나 임의로 하는 것이 아니라, 하나님께서 선지자에게 양각 병에다가 기름을 어느 누구에게 부어라 명하시고, 하나님께서 만민가운데 선택하여 지명한 사람에게 기름을 붓게 하도록 되어 있습니다. 이새의 막내아들, 다윗이 모든 사람들의 예상을 깨고 기름 부음을 받은 것과 같습니다. '사무엘이 다윗에게 기름을 부을 때에 다윗이 여호와의 신에 크게 감동되었다'고 기록하고 있습니다 (삼상 16:13).

기름을 담는 통으로 쓰인 이 양각은 먼저 '양'은 어린양을 상징하는 '예수 그리스도'를 말하고 각은 '뿔'로서 곧, '능력'을 말합니다. 뿔은 방패요 적을 공격하는 무기로 '양각'은 '예수님의 능력'을 말합니다. 기름 부음을 받은즉, 예수님의 능력이 임하는 것입니다.

그러므로 양각 병에 기름을 부음 받지 못한 사람은 선지자도, 지도자도 될 수 없습니다. 지금도 종교적, 행정적으로 그 역할을 할지는 몰라도, 참다운 주의 종이 될 수는 없으며 주님의 능력이 나타나지 않는 것입니다.

기름부음을 받으면 성령님이 가르쳐 주시는 모든 것을 알게 되고, '지피지기(知彼知己)면 백전백승(百戰百勝)'이라는 말이 있듯이 영적인 승리를 하게 됩니다(히 1:9). 목회 또한 인력으로 하는 것이 아니고, 성령의 기름 부음으로 해야 합니다. 예수님도 성령을 받기 전까지는 예루살렘을 떠나지 말라 하셨습니다(행 1:4). 능력을 받기 전까지는 아무 일도 하지 말라는 것입니다. 하나님의 일을 한다고 하다가 오히려 하나님을 훼방했던 것처럼 열정만 가지고 하는 것이 아니라, 사도 바울과 같이 성령의 인도함을 받아야 하는 것입니다. 예수님도 성령을 받으신 후 공생애를 시작하셨습니다.

> "주 여호와의 신이 내게 임하셨으니 이는 여호와께서 내게 기름을 부으사 가난한 자에게 아름다운 소식을 전하게 하려 하심이라. 나를 보내사 마음이 상한 자를 고치며 포로된 자에게 자유를, 갇힌 자에게 놓임을 전파하며"
> (사 61:1)

기름 같은 성령이 임하시면 다음과 같은 변화가 일어납니다.

첫째, '기름'같이 구별됩니다.

물이 기름과 구별되는 것처럼, 성령은 언제나 세상 안에서도 세상과 혼합되어지지 않고 구별된 삶을 살게 됩니다. 성령은 악한 영과 함께 역사하지 않습니다. 한 사람의 언어와 삶과 행동이 도저히 세상 사람과 구별이 되지 않는다고 한다면, 그는 '성령의 기름 부음'을 받은 사람이라고 할 수 없는 것입니다. 물에 술탄 듯, 술에 물탄 듯, 이도 저도 아닌 삶을 사는 사람들을 '단테의 신곡'에서는 '양쪽에서 인정받지 못하는 자'로 분류했습니다.

구약 성경은 음식을 먹을 때도 '구별해서 먹으라'고 했습니다. '짐승도 굽이 갈라지고 새김질하는 것을 먹으라'고 했습니다. 항상 성경 말씀을 되새김질하고, 기억하는 사람은 하나님께 드리는 산 제물이 되는 것입니다(레 11:3). '포도밭에 두 종자를 심지 말고, 양털과 베실을 함께 짜지 말라'고도 했습니다(신 22:9). 성경에 '베실'은 '장례식', '죽은 자', '송장'을 위한 것으로, 양털과 베실을 함께 짠다는 것은 하나님의 영광을 세상의 죽은 자과 함께 하는 것을 말합니다. 한 몸에 '예수의 능력'과 '죄수의 죄'를 함께 입지 말라는 하나님의 명령인 것입니다. 그런 경우 하나님의 영광을 상실케 됩니다. 마치 '지킬 박사와 하이든'처럼 두 인격의 존재가 한 사람 안에 함께 하는 것은 성경의 가르침에 위배됩니다.

"한 입으로 찬송과 저주가 나는 도다 내 형제들아 이것이 마땅치 아니하니라"(약 3:10)

'양'은 '예수 그리스도'를 상징하고, '털'은 '영광'을 상징하여, 감옥에 들어가는 사람의 머리털과 수염을 깎은 것은 그의 영광이

사라졌기 때문입니다. 삼손 역시 머리털을 잃어버림으로 그의 영광을 잃어 버렸습니다. 전통적으로 우리나라 역시 머리를 깎는 것을 그런 의미로 보았습니다.

'소와 나귀도 함께 밭을 갈지 말라'고 하셨습니다(신 22:10). '소'는 하나님 앞에 제물이 되지만, '나귀'는 꾀를 부리며 제물이 될 수 없는 짐승이었으며 예루살렘 성에도 들어가지 못하는 짐승입니다. 즉, '소'는 제물 대신 '예수 그리스도'를 상징하고 '나귀'는 예루살렘 성전에 들어가지도 못하고, 제물도 되지 못하는 '세상'을 상징한다고 하겠습니다.

사도 바울도 믿지 아니하는 자와 멍에를 같이 메지 말라 하였습니다(고후 6:14). 하나님은 우리가 세상과 섞이지 않고 구별 되어서 살기를 원하십니다. 그럼으로 성령을 받은 사람인지를 보려면 그 사람이 세상과 구별된 삶을 사는지, 섞여 사는지를 보면 확연히 알 수가 있는 것입니다.

둘째, '기름' 같이 변함이 없습니다.

몇 년 전에 영국 하노버 개혁교회에 유럽 성시화 대회 주강사로 설교하러 간적이 있습니다. 영국 날씨가 얼마나 변덕이 심한지, 유럽에서는 여자의 마음을 영국 날씨와 같다는 속담이 있었습니다. 우리나라에서는 여자의 마음은 갈대와 같다고 합니다. 그러나 사실 여자의 마음보다 남자의 마음이 더 변덕이 심한 것 같습니다.

예수님이 십자가에 달려 돌아가실 때 만 봐도 끝까지 변함없이 주님과 함께 있던 분들은 대부분 여자였습니다. 사람이란 본래 마음이 쉽게 변하는 것 같습니다. 군대에서도 여자가 고무신을 거꾸로 신는다고 하는데, 사실 군인들도 군화를 거꾸로 신습니다. 신앙도 마찬가지입니다. 은혜 받고 뜨거울 때는 아낌없이 헌신하고 봉사하다가 믿음이 떨어지면 지나온 헌신을 아까워합니다. 그러나 변함없는 분은 역시 주님 밖에 없습니다.

예수 그리스도는 어제나 오늘이나 변함이 없다고 했습니다(히 13:8). 그는 변함도 없으시고 회전하는 그림자도 없으십니다(약 1:17). 예수님은 우리를 변함없이 사랑한다고 하셨습니다(엡 6:24). 하나님께 대한 열정을 가졌다가 식거나, 기도가 막혔거나, 전도의 열정이 사라졌다면 성령의 기름이 소멸한 것입니다. 첫 사랑을 잃어버린 에베소 교회는 기름 같은 성령이 소멸되었기 때문입니다.

셋째, '기름'은 방부제 역할을 합니다.

냉장고가 있기 전에 기름은 방부제 역할을 했습니다. 썩는 것을 막아 줍니다. 그 원인은 박테리아 때문인데 기름은 박테리아를 죽입니다. 음식에 방부제 역할로써 바르기도 했지만, 치료용으로도 기름을 발랐다고 성경에 기록하고 있습니다(약 5:14, 15).

우리의 마음과 영이 썩는 것은 '기름 같은 성령'의 임재가 없기 때문입니다. 목회자와 임직자, 그리고 교회가 영적인 질병으로 썩는 것은, 근신하여 깨어 기도하지 못하고, 기름이 메말랐기 때문입니다. 이 기름은 살균을 시키고 썩는 것을 막아줍니다. 우리 심령이 썩는 것은 기름이 없기 때문입니다. 하나님은 '마음이 상한 자를 고치신다'고 하셨습니다(사 61:1). '성령의 기름 부음'을 받으면 썩지 않고 새 마음과 영으로 거듭나게 됩니다.

넷째, '기름'은 발화점이 낮아 쉽게 불이 붙습니다.

찬양을 하여도, 말씀을 들어도, 감동도 없고, 애통함도 없다면, 나는 지금 기름 부음이 없는 것입니다. 예수님은 '땅에 불을 던지러 왔다'고 하셨습니다(눅 12:49). 예레미야는 하나님의 말씀이 '불 같다'라고 하셨고(렘 23:29), 예수님도 '불을 던지러 왔다'고 했습니다(눅 12:49). 그런데, 기름이 없으면 바로 꺼져 버립니다. 아무리 불 같은 말씀이 선포되고 횃불이 입에서 나와도 내 안에 기름이 없으면 아무런 역사가 없는 것입니다. 성냥불 같은 작은 불도 내가 발화점 낮은 기름으로 충만하면 한 번에 확 타오르는 것입니다. 루터도, 요한 웨슬리도 그들의 여러 사람들과 함께 평범한 목사의 설교를 듣던 중에 강력한 변화를 체험하게 되었습니다. 유독 그들에게 그렇게 강력하게 역사했던 것은 그들의 마음 밭이 '기름진 밭'이었기 때문입니다. 마음 밭이 기름진 밭인가, 아닌가가 얼마나 중요한지 알 수 있는 부분입니다.

다섯째, '기름'은 윤기가 흐릅니다.

성경은 우리에게 '너희는 세상의 빛'이라고 하였습니다(마 5:14). 모세는 시내 산 에서 기도하고 내려올 때 얼굴에 광채가 났습니다(출 34:29). 예수님도 기도하실 때 용모가 변화되어 옷까지 희어져서 광채가 나타났다고 했습니다(눅 9:29).

예수님은 금식할 때도 머리에 기름을 바르고 얼굴을 씻으라고 하셨습니다(마 6:17). 성령 받은 자는 늘 단정하게 하고 불쌍한 모습으로 다니지 않도록 하여야 합니다.

"단정하게 옷을 입으며..."(딤전 2:9)

여섯째, '기름'은 향기가 납니다.

우리는 '그리스도의 향기'라고 했습니다(고후 2:15). 어떤 사람은 가는 곳마다 악취가 나고, 사람들이 피하는 경우가 있고, 어떤 사람은 근처에만 와도 향기가 넘칩니다. 향기는 깨끗이 씻은 사람에게 나타납니다. 씻지 않은 사람, 즉 남을 깎아내리고 험담하는 사람은 그 속에 여전히 악하고 더러운 것이 있어 악취가 나는 것입니다. 나는 그리스도의 향기요, 편지인가 아니면, 도리어 하나님의 이름을 망령되이 일컫는 사람인가 자문해 보아야 합니다.

일곱째, '기름'은 부드럽게 만듭니다.

기름은 마찰되는 부분을 부드럽게 합니다. 삐거덕거리는 문, 자전거 바퀴, 공장의 기계들이 서로 부드럽게 돌아가는 것은, 부품과 부품 사이에 충분한 기름이 칠해져 있기 때문입니다. 성령을 충만히 받은 사람은 받을수록 부드럽고, 온유하고, 양자를 부딪치지 않게 하고, 소리 나지 않게 하지만, 성령의 기름이 없는 사람들은 거칠고, 소리 나고, 결국에는 각 부품들을 다 망가뜨리게 됩니다.

"시기와 다툼이 있는 곳에는 요란과 모든 악한 일이 있음이니라"(약 3:16)

"또 만일 나라가 스스로 분쟁하면 그 나라가 설 수 없고 만일 집이 스스로 분쟁하면 그 집이 설 수 없고"(막 3:24-25)

다투는 자는 기도응답이 없고(약 4:2) 한 가정과 공동체에서 분쟁이 일어나면 결국 패망하게 되는 것입니다. 교회를 오래 다녔어도 잘난 체하며 목이 뻣뻣한 사람은 성령을 못 받은 것이고, 여기저기서 싸우는 싸움닭은 '기름 같은 성령'을 받지 못한 것입니다. 예수님은 '온유한 자가 땅을 유업을 받을 것이다'라고 하셨습니다(마 5:5). 온유하지 못한 사람은 땅을 잃어버리고 살 곳이 점점 없어지는 것입니다. 밀림의 왕자, 사자도 동물원에 갇혀 살듯이, 힘으로 세상을 제패하려는 사람은 결국 작은 감옥에 갇혀 살게 되는 것이고, 그보다도 극악한 사람은 거기서도 홀로 남겨지게 됩니다. 그러나 토끼와 같이 온유한 자는 온 땅을 지경으로 받는 것입니다.

'성령의 기름 부음'은 사역에 있어 필수적인 것이요, 직분을 맡은 사람들에게 역시 없어서는 안 되는 반드시 필요한 것입니다. 그리스도인들은 어느 누구나 할 것 없이 모두 기름 부음을 받아야 합니다.

'비둘기' 같은 성령님이 임하시면

/

5

'성령'을 원어로 보면, '불다', '바람', '기운', '생명', '영혼'입니다. 그 뜻 속에는 성령의 본질이 내포 되어 있습니다. 성령의 명칭은 여러 가지인데, '성령', '하나님의 영', '그리스도의 영', '예언의 영', '증거의 영', '주의 영', '새 영', '거룩한 영', '영광의 영', '대언의 영', '하나님의 영' 이 십여 가지의 명칭들이 모두 같은 성령을 말합니다. 이러한 명칭들을 통해서 성령님이 어떤 일을 하시는지 구별할 수 있습니다. 성령님의 사역을 살펴보면, 천지만물이 성령의 역사로 창조되었음을 알 수 있습니다.

창세기 1장을 보면, 태초의 상태가 어두운 흑암, 공허, 혼돈 가운데 하나님의 신이 수면에 운행했다고 말하고 있습니다. 즉 혼돈, 흑암, 공허 가운데 성령이 운행한 것입니다.

하나님이 창조한 세계가 인간의 타락으로 말미암아 파괴되고, 예수님을 통해서 새로운 창조가 시작됩니다. 예수님께서 요단강에서 성령을 받으실 때 하늘이 갈라지면서 비둘기 같은 성령이 임했습니다. 예수님 당시의 종교적 부패와 타락, 정치적 혼돈, 역사적 암흑기에 성령님이 임재하신 것입니다.

'비둘기' 같은 성령님이 임하시면 어떤 변화들이 나타나는지 살펴보겠습니다.

첫째, '비둘기'는 순결합니다.

예수님은 '비둘기같이 순결하라'고 하셨습니다.(마 10:16) '비둘기 같은 성령'은 순결하기에 새로운 창조와 성령의 역사는 순결함 가운데 드러납니다. 즉, 성령은 순결하지 않으면 함께 하지 못합니다. 더럽고 깨끗하지 못한 것이 함께 할 수가 없는 것입니다. 성령은 '회개의 영'이라고도 하며 우리를 순결하고 깨끗하게 하는 역할을 합니다. 우리가 마음이나 육체로 불결해지면 성령이 떠나게 되어 있습니다. 이것을 '은혜가 떠났다'라고도 말합니다. 그래서 다윗은 성령을 거두지 말아달라고 간절히 기도했습니다. 항상 성령을 내 안에 거하게 하려면, 마음을 청소하듯 회개하는 마음을 항상 가져야 합니다.

둘째, '비둘기'는 짝을 짓습니다.

비둘기는 암컷이 일반적으로 알을 두 개만 낳습니다. 그리고 배 속에서 서로 짝을 지어 죽을 때까지 함께 짝을 이룹니다. 한 배에서 같이 생긴 남매끼리 부부가 되고 결코 다른 것하고 짝을 짓지 않습니다. 순결하고 처음부터 끝까지 짝 지어진 대로 살아가다가 한 마리가 죽게 되면 몇 일간 식음을 전폐하고 울다가 또 다른 비둘기도 죽어 버립니다. 그래서 아가서(5:2)에는 연인을 '사랑하는 내 짝 비둘기'라고 표현합니다. 그리스도인은 성령을 받을 때부터 예수님 하고만 짝을 지어야 합니다. 고린도후서(11:2)에는 사도바울이 '내가 너희를 정결한 처녀로 한 남편인 그리스도에게 중매한다'고 했습니다. 우리는 예수님의 신부가 되는 것입니다. 성령은 비둘기와 같아서 꼭 짝을 이룹니다. 성령 받았다고 한다면 꼭 예수님하고만 짝을 짓고 예수만을 위해서 살게 됩니다. 그러나 다른 것 즉, 권력, 명예, 돈 등 세상의 것들과 짝을 지어서는 안 됩니다.

성령을 못 받은 사람은 이것저것과 많은 짝을 짓습니다. 성령을 받았다 하면서 예수님 보다 다른 것을 자꾸 사랑하면 내가 받은 것이 성령이 아닌 것입니다. 예수님은 '신랑'이고 우리는 '영원한 신부'라고 하였습니다.(계 21:9) 그래서 예수님 한 분만으로 만족하려면 성령을 받는 방법 밖에는 없습니다. 성령을 받으면 예수만 사랑하게 되고 그 분만으로 만족하게 됩니다.

셋째, '비둘기'는 소식을 전합니다.
노아는 홍수 때 밖에 물이 말랐는지 소식을 알 수가 없어서 비둘기를 내어 보냅니다. 첫 번째는 그냥 돌아왔지만, 두 번째는 감람나무를 잎사귀 가지고 왔습니다 (창세기 8:8, 12). 옛날에는 전쟁할 때에 비둘기를 통신병으로 쓰기도 하고, 집배원으로 이용하기도 했습니다. '비둘기 같은 성령'은 소식을 전합니다. 천국, 복음, 그리스도의 소식을 전하는 것은 비둘기 같은 성령이 임해서 그렇습니다. 예수님이 부활하시기 전, 성령을 받을 때까지 기다리라 한 것은 이 '증인의 영'을 덧입으면 하나님이 주시는 능력으로 전할 수 있기 때문입니다. 바로 그때부터 예루살렘과 유대와 사마리아와 땅 끝까지 이르러 주님의 증인들이 되는 것입니다. 성령을 받아야 복음의 기쁜 소식을 제대로 전할 수 있습니다.

요한복음 4장에 나오는 수가성의 사마리아 여인은 우물가에서 예수 만나고 성령을 받자, 자기 동네에 적극적으로 들어가 자신이 만난 예수님을 전합니다. 이전까지도 사람을 피해 다니던 사람이 사람들을 찾으러 나서게 된 것입니다. 이사야서 66장 1절에는 "주 여호와의 신이 내게 임하셨으니 가난한 자에게 아름다운 소식을 전하게 하려 하심이라"고 했습니다. 성령이 임하는 것은 아름다운 소식을 전하기 위함입니다. 오늘 내가 전도하는 것에 열심을 내지 않는다면 자신을 돌아보아야 합니다. 성령은 증거의 영입니다.

넷째, '비둘기'는 평화의 상징입니다.

비둘기는 그 짝과 평생 싸우지 않습니다. 참새, 까치, 까마귀는 말할 것 없고, 닭들끼리도 서로 싸우는데, 비둘기는 싸우는 법이 없습니다. 예수님은 '평화의 왕'으로 오셨습니다. 다투는 것은 '비둘기 같은 성령'을 소멸했기 때문이다. 비둘기 같은 성령은 모든 것을 이해하고, 양보하고, 상대방이 큰 잘못을 저지르면 불쌍히 여기는 마음으로 기도하게 되는 것입니다. 성령의 열매는 사랑, 희락, 화평, 자비, 양선, 충성, 오래 참음, 온유, 절제'입니다 (갈 5:22). 한마디로 말해서 '평화'라고도 말할 수 있습니다. 성령의 열매는 온유, 겸손하고 누구하고도 싸우지 않는 것입니다.

> "그럼으로 주안에서 갇힌 내가 너희를 권하노니 성령의 하나 되게 한 것을 힘써 지켜라"(엡 4:1)

다섯째, '비둘기'는 제물이 됩니다.

수만 종류의 새가 있지만, 온전한 제물로 바칠 수 있는 새는 '비둘기' 밖에 없습니다 (레 1:14). 하나님의 제단에 남을 대신해서 제물이 되는 것입니다. '비둘기 같은 성령'이 충만하신 예수님은 여러분과 나의 죄를 대신 짊어지고 희생의 제물이 되어 주셨습니다. 내 안에 비둘기 같은 성령이 없으면 오직 나만을 위하지만, 비둘기 같은 성령이 임하면 다른 사람을 위한 희생의 제물이 기꺼이 될 수 있습니다.

제3장

성령님의 역사들

구약에 나타난 성령님의 역사

/

1

어떤 신학자는 성부 시대(하나님의 시대 - 구약), 성자 시대(예수님의 시대 - 신약), 성령 시대(지금 - 성서 이후)로 나누기도 합니다. 그러나 이미 구약 성경에는 '성령'에 대한 많은 이야기가 기록되어 있습니다. 창세기 6장 3절에 보면, '하나님의 신이 사람과 함께 하지 아니할 것이라'고 하였습니다. 그렇다면 그 이전까지는 하나님의 영이 사람과 '함께 했다'는 뜻이며, 죄악으로 '육체가 된 인간'에게는 하나님의 영 즉, 성령님이 함께 하지 않는다는 뜻이고, 그렇다면 '육체가 되지 아니한 존재'와는 과거에는 지금에나 성령님이 함께 한다는 의미를 내포하고 있습니다. 노아 방주 이후로 하나님의 영(신)이 다시 나타나기 시작합니다. 이는 육체가 되지 아니한 하나님의 자녀에게 나타나는 증거입니다.

창세기 1장 창조의 사건에 이미 성부, 성자, 성령 세 분의 모습이 동시에 나타나고 있습니다.

"하나님의 영⁽신⁾은 수면에 운행 하시니라"(창 1:2)

창세기 1장 1절에, "태초에 하나님이 천지를 창조하셨다"는 말씀에 이어 2절에 하나님의 영, 성령님이 수면위에 운행하고 있음을 묘사하고 있습니다. 운행한다는 것은 원어로는 '새가 알을 품고 있다'는 뜻입니다. 그리고 창세기 1장 3절에 보면, "하나님이 말씀으로 빛이 있으라 하시니 빛이 있었다"라고 기록하고 있습니다. 천지 창조의 방법이 성령님이 세계를 품고 말씀이신 예수님을 통하여 창조가 이뤄지고 있는 것입니다. 요한복음 1장 1절에 나오는 말씀과 같은 것으로 볼 수 있습니다.

"태초에 말씀이 계시니라 이 말씀이 하나님과 함께 계셨으니 이 말씀은 곧 하나님이시니라"(요 1:1)

따라서 창세기 1:1-3에 성부, 성자, 성령의 '삼위의 하나님'이 모두 나타납니다.

이제 삼위의 하나님 중 '성령'께 집중하여, 구약 시대에 사람들에게 어떻게 임재하시고 역사하셨는지 살펴보고자 합니다.

'요셉'은 하나님의 영에 감동된 사람이라고 하였습니다. 그는 '꿈을 꾸는 자'와 '꿈을 해석하는 자'로서 하나님의 영에 감동된 사람이었고, 그를 알아본 이집트⁽애굽⁾의 왕은 그로 인하여 나라가

번영하는 큰 복을 받게 되었습니다.

> "바로가 그의 신하들에게 이르되 이와 같이 하나님의 영에 감동된 사람을 우리가 어찌 찾을 수 있으리요 하고"
> (창 41:38)

'모세'는 지혜로운 영이 충만한 자들과 함께 하나님의 사명을 감당합니다. 먼저 그의 형 아론을 제사장으로 세우되 특별히 하나님의 영이 임한 사람에게 그의 옷을 만들게 하였습니다.

> "너는 무릇 마음에 지혜 있는 모든 자 곧 내가 지혜로운 영으로 채운 자들에게 말하여 아론의 옷을 지어 그를 거룩하게 하여 내게 제사장 직분을 행하게 하라"(출 28:3)

모세에게 유다 지파 훌의 손자, 우리의 아들인 '브사렐'을 붙여 주시고 그 브사렐에게 하나님의 영을 충만하게 하여 주셔서 지혜와 총명과 지식과 여러 재주가 임해서 정교한 일을 연구하고, 금과 은과 놋으로 만들었다고 기록하고 있습니다(출 31:1-5, 출 35:30-33). 또, 단 지파 아히사막의 아들 '오홀리압'에게는 지혜로운 마음을 충만하게 하사 조각과 세공, 그리고 여러 가지 실로 수놓는 일을 하게 하셨습니다(출 35:34-35).

오늘날에도 하나님의 영이 임하면, 지혜와 지식의 은사를 받아 여러 가지 정교한 일을 연구하게 되고, 여러 가지 재주로 다양한 발명품을 만들 수 있게 되는 것입니다. 하나님은 모세와 함께 사역을 감당할 자에게 하나님의 영을 부어 주시겠다고 하셨습니다. 이는 하나님의 영에 감동된 사람과 그렇지 아니한 사람이 있음을 의미합니다.

> "여호와께서 모세에게 이르시되 이스라엘 노인 중에 네가 알기로 백성의 장로와 지도자가 될 만한 자 칠십 명을 모아 내게 데리고 와 회막에 이르러 거기서 너와 함께 서게 하라. 내가 강림하여 거기서 너와 말하고 네게 임한 영을 그들에게도 임하게 하리니 그들이 너와 함께 백성의 짐을 담당하고 너 혼자 담당하지 아니하리라"(민 11:16-17)

구약에 나오는 장로는 회막에서 세움을 받고 거기서 하나님의 영이 임하게 됩니다. 따라서 직분을 맡기 위해 임직자는 교회에서 세움을 받아야 하며, 하나님의 말씀을 맡은 자의 일을 분담하고, 기도로 돕게 됩니다.

하나님의 영이 임할 때 그들의 증거 중 하나로 예언을 일회적으로 하게 되었고(민 11:25), 그 중 두 사람은 회막에 거하지 못하고 지기 집에 있었으나 '영이 임함으로 예언하게 되어'(민 11:26-28) 여호수아가 그들을 말리라고 모세에게 진언 하였으나, 모세는 그것을 거절하였습니다. 하나님은 모든 백성에게 그의 영을 주기를 원하며 다 선지자 되기를 원한다고 하였습니다.

"모세가 그에게 이르되 네가 나를 두고 시기하느냐 여호와께서 그의 영을 그의 모든 백성에게 주사 다 선지자가 되게 하시기를 원하노라"(민 11:29)

하나님은 우리 모두가 영을 받기를 원하셨습니다. 이는 선택된 자에게 하나님의 영을 주었다는 주장이 틀렸음을 말하고 있습니다.

성경에 모세는 '신'과 같이 여겨졌다고 합니다. 이스라엘에 모세와 같은 선지자가 일어나지 못하였다고 하였습니다. 모세는 하나님과 대면하던 자였으며, 하나님의 영이 임한 사람이었습니다(신 34:1, 민 11:17). 요한복음에도 하나님의 자녀를 '신'이라 하였고, 그 기준이 바로 말씀을 받는 자들이었습니다.

"예수께서 이르시되 너희 율법에 기록 된 바 내가 너희를 신이라 하였노라 하지 아니하였으나 성경은 폐하지 못하나니 하나님의 말씀을 받은 사람들을 신이라 하셨거든"(요 10:34)

"내가 말하기를 너희는 신들이며 다 지존자의 아들들이라 하였으니"(시 82:6)

그래서 모세는 하나님의 말씀을 받은 사람이요, 바로에게 신처럼 보였습니다.

"여호와께서 모세에게 이르시되 볼지어다 내가 너를 바로에게 신 같이 되게 하였은즉 네 형 아론은 네 대언자가 되리니"(출 7:1)

모세가 그의 사명을 다하고 그의 후계자 여호수아게 안수하였을 때, 여호수아에게 지혜의 영이 충만함이 임하게 되었습니다.

"모세가 눈의 아들 여호수아에게 안수 하였으므로 그에게 지혜의 영이 충만하니 ..."(신 34:9)

사사시대에는 갈렙의 동생 옷니엘에게 하나님의 영이 부어져 이스라엘의 첫 번째 사사로서 나라를 구원하게 됩니다(삿 3:9-10) 그는 전쟁에 나가서 구산 리사다임을 이겼습니다. 전쟁 시에는 하나님의 영이 '군대의 영'으로 임하게 됩니다.

이후 미디안에게 칠 년간 나라가 짓밟혀 있다가 하나님의 영이 기드온에게 임하자 그는 미디안을 대적하여 싸워 이기게 됩니다(삿 6:34) 당시에 미디안 병사는 십 삼만 오천 명이었고(삿 8:10), 이스라엘 군대는 고작 삼만 이천 명이었습니다(삿 7:3) 그럼에도 불구하고 기드온은 하나님은 두려워하는 사람들을 다시 돌려보냄으로써 일만 명만이 남았으며, 또 다시 고개 숙이지 아니하고 물을 마시는 자를 따로 성별해 삼백 명의 군사를 하나님의 군대로 세웠습니다(삿 7:6) 그리고 나팔을 들게 해서 군악대를 만들고 찬양과 비파로 적군을 무찌릅니다. 마치 다윗의 장막에 하나님의 영이 임했던 것과 같습니다. 이는 하나님의 영이 임하여 전적으로 하나님께 맡기며 승리한 전쟁이라고 할 수 있습니다.

이러한 하나님의 영은 다시 사사 입다에게 임했고, 다시 전쟁에서 승리하게 됩니다(삿 11:29). 사사시대의 사사 임명은 철저히 하나님의 영이 임한 자에게 사사 계승이 이루어 졌으며, 그 영의 임함으로 위기에 처한 이스라엘을 구하셨습니다. 입다는 사생아였습니다. 그의 어머니가 기생이었지만 하나님의 선택은 출신 성분이 아니라 하나님의 영이 임함에 있었습니다.

삼손에게 여호와의 영이 임하매 사자와 염소새끼를 찢었고(삿 14:6), 또 다시 갑자기 임하매(삿 14:19) 적군을 무찌르는 장면이 나옵니다. 여호와의 영이 지속적으로 임하는 것을 볼 수가 있으며 하나님의 영이 그 후에도 갑자기 임하였다고 기록하고 있습니다(삿 15:14).

사사시대가 끝날 때, 사무엘이 사울의 머리에 기름을 붓고(삼상 10:1) 사울에게는 하나님의 영이 크게 임하여 그는 예언을 하기도 하였습니다(삼상 10:6-7).

사울에 이어 다윗이 하나님의 영에 크게 감동되어 다시 왕이 되었으나(삼상 16:13), 버림받은 사울에게서는 하나님의 영이 떠나버립니다(삼상 16:14). 그 이후에 나타난 현상들은 악한 영이 그를 번뇌케 했으며, 번뇌의 원인 중 하나는 하나님의 영이 그를 떠났기 때문입니다. 이는 더 이상 하나님의 영의 통치가 아니라 악한 영이 그를 통치함을 의미합니다(삼상 16:14). 사울에게서 성령이 떠난 다음 악한 영이 역사했듯이 우리는 영을 구별하여야 합니다(요1서 4:1). 사울에게서 영이 떠난 것을 본 다윗은 나중에 하나님께 성령을 거두지 말라고 간절히 기도합니다.

"나를 주 앞에서 쫓아내지 마시며 주의 성령을 내게서 거두지 마소서"(시 51:11)

이는 구원 받은 사람이 버림받을 수도 있음을 보여주는 단적인 예입니다. 성령 받은 사람도 버림받을 수 있음을 말해주는 사건입니다.

"한번 비췸을 얻고 하늘의 은사를 맛보고 성령에 참예한 바 되고 하나님의 선한 말씀과 내세의 능력을 맛보고 타락한 자들은, 다시 새롭게 하여 회개케 할 수 없나니, 이는 자기가 하나님의 아들을 다시 십자가에 못 박아 현저히 욕을 보임이라"(히 6:4-6)

신유의 은사가 있었던 사람도, 귀신을 쫓아내는 축사의 능력이 있던 사람도 주님이 알지 못하는 사람이 될 수 있습니다.

"나더러 주여 주여 하는 자마다 다 천국에 들어갈 것이 아니요 다만 하늘에 계신 내 아버지의 뜻대로 행하는 자라야 들어가리라 그 날에 많은 사람이 나더러 이르되 주여 주여 우리가 주의 이름으로 선지자 노릇 하며 주의 이름으로 귀신을 쫓아내며 주의 이름으로 많은 권능을 행하지 아니하였나이까 하리니 그 때에 내가 그들에게 밝히 말하되 내가 너희를 도무지 알지 못하니 불법을 행하는 자들아 내게서 떠나가라 하리라"(마 7:21-23)

물론 여기서 주의 이름으로 기적을 행했다는 것도 문제가 됩니다. 이는 주님 안에서 행한 것이 아니라 주의 이름을 사용해 자신의 능력을 과시했거나 사욕을 추구했다고도 볼 수 있습니다. 예수님은 '주님의 이름 안에서' 기도하라고 하셨지, 주님의 이름으로 기도하라고 하지 않으셨습니다. 이것은 한국의 번역 중에 가장 큰 오역 중 하나인데, "*in the name of Jesus Christ*"는 주님의 이름 안에서 기도하는 것을 말합니다. 성령의 은사를 맛보고, 기사와 이적이 있었다 해도, 그것이 구원의 절대적 조건이 되지는 못하는 것입니다. 한 예로 선교사였던 데마도 다시 세상으로 돌아갈 수 있는 것입니다(딤후 4:10).

예수님의 비유를 보면, 천국잔치에 참여할 때 슬기로운 여인들과 졸고 있는 미련한 여인들을 볼 수 있습니다. 그러나 신랑이 왔을 때 기름이 준비된 슬기로운 여인들만이 잔치에 참여하게 됩니다. 천국 잔치에 참여하는 기준이 등잔에 있지 아니하고, 기름에 있습니다. 슬기로운 여인도, 기름을 준비한 사람도 때로는 잠들 수도 있고, 넘어질 수도 낙심 할 수도 있는 것입니다. 그리고 미련한 여인들도 역시 신랑을 기다렸다는 측면에서, 신랑 되신 예수님을 기다린 성도들이 예수님과 함께 하는 천국잔치에 들어가지 못할 수도 있음을 보여줍니다.

성경은 주님의 말씀이 '불'이라고 하였습니다(렘 23:29). 말씀을 읽어도, 들어도, 예배를 드려도 말씀의 불, 성령의 불을 받지 아니하면 기름이 준비되지 않은 미련한 여인들처럼 마지막 때에 천국잔치에 참여 할 수 없다는 것을 알아야 합니다.

종교개혁자 루터가 위대한 설교자의 말씀을 들은 것이 아니라 로마서를 읽다가 성령의 불을 받고, 요한 웨슬리가 올더스게이트에서 일반 목사의 평범한 설교를 듣다가 성령의 불을 받은 것처럼 오늘 기름이 준비된 사람들은 성령의 불이 붙게 되어 있습니다.

예수님을 기다려도 잠들고 준비되지 않으면 버림받을 수 있고, 기름이 있어도 다시 떨어지면 불이 꺼지고, 영이 떠나 버림받을 수 있는 것입니다. 요한계시록의 에베소 교회는 첫 사랑을 잃어버려 촛불이 옮겨질 수 있다고 했던 하나님의 엄중한 경고를 기억해야 합니다.

다윗은 하나님의 영에 충만한 자였으며, 마지막 순간에도 하나님의 영이 임하여 말했습니다.

"여호와의 영이 나를 통하여 말씀하심이여 그의 말씀이 내 혀에 있도다"(삼하 23:2)

성령이 임하면 그 성령이 말을 하게 하여, 예언도 하고, 방언도 하고, 다른 언어로, 새 언어로 말하게 됩니다(행 2:4). 오순절에 성령이 임할 때, 성령이 불의 혀처럼 갈라진 모양으로 나타났다(행 2:2). 왜 하필 혀의 모양으로 나타나셨는지는 시사하는 바가 크다고 하겠습니다. 인류의 저주가 바벨탑에서 시작되었는데, 그 저주는 바로 '언어의 불통'이었습니다. 그러나 오순절 날, 성령의 임재는 '소통하는 언어'로 변하게 됩니다.

성령은 말하지 못하는 자에게 말할 수 있게 하십니다.

"모세가 여호와께 아뢰되 오 주여 나는 본래 말을 잘 하지 못하는 자니이다 주께서 주의 종에게 명령하신 후에도 역시 그러하니 나는 입이 뻣뻣하고 혀가 둔한 자니이다 여호와께서 그에게 이르시되 누가 사람의 입을 지었느냐 누가 말 못 하는 자나 못 듣는 자나 눈 밝은 자나 맹인이 되게 하였느냐 나 여호와가 아니냐 이제 가라 내가 네 입과 함께 있어서 할 말을 가르치리라"(출 4:10-12)

엘리야에게도 여호와의 말씀이 임했습니다(왕상 18:1). 이는 하나님의 영이 임함을 뜻합니다. 그도 신과 같이 되고, 하나님의 자녀가 됨을 말하는 것입니다. 왕궁 맡은 자, 오바댜가 '엘리야는 여호와의 영이 그를 이끌었다'고 말했습니다(왕상 18:10).

영에는 거짓말하는 영도 있는데, 이 영이 선지자들에게도 들어가서 역사한다고 기록하고 있습니다(왕상 22:22-23) 따라서 하나님의 말씀을 받았다고 다 성령이 임한 것이 아니라, 거짓의 영도 있으니 주의 깊게 영을 분별하여야 합니다. 그 기준은 그의 말이 성취되는지 그렇지 않은지를 통해 분별할 수 있습니다.

"만일 선지자가 있어 여호와의 이름으로 말한 일에 증험도 없고 성취함도 없으면 이는 여호와께서 말씀하신 것이 아니요 그 선지자가 제 마음대로 한 말이니 너는 그를 두려워하지 말지니라"(신 18:22)

하나님의 말씀을 받는다는 것은 그 말씀 자체가 하나님의 영과 연관되어져 있습니다.

엘리사는 엘리야에게 역사하는 성령이 갑절이나 있게 해 달라 하였고(왕하 2:10) 성령이 엘리사에게 임하매 엘리야보다 더 많은 기사와 이적을 일으키는 선지자가 되었습니다.

이사야는 환상을 보았는데, 주께서 보좌에 앉으시고 천사들이 나는 모습을 보고 자기의 입술이 부정한 자라 망하게 되었다고 말했습니다. 그러나 천사 중 하나가 숯을 가지고 와서 입술에 대어 악을 제하고 죄를 사하니 그의 입술이 순종의 입술, 긍정의 입술로 변화되어 '주여 내가 여기 있사오니 나를 보내소서'라고 고백하게 되었습니다(사 6:1-8).

이사야는 또한 '하나님의 말씀을 받은 자로서 말씀을 전하여 성령이 아닌 악한 영, 두렵게 하는 영을 앗수르 왕 산헤립에게 넣을 것이라'고 했습니다(왕하 19:6). 이는 성령도, 악한 영도 우리 안에 들어왔다 나갔다 할 수 있음을 의미합니다. 성령과 악한 영은 각자 자기가 다니던 길로 다니는데, 거룩한 길, 구별된 길로 다니는 사람에게는 성령이 들어가고, 물 없는 곳. 메마른 곳으로 다니는 사람에게는 악한 영이 들어가게 됩니다 (눅 11:24). 예수님은 베드로에게 '사탄아 물러가라'고 말씀하셨습니다. 예수님의 수제자인 베드로조차 그 안에 악한 영이 들어갔으니 우리는 더욱 깨어서 거룩한 길, 성령의 길로 다녀야 할 것입니다.

한 나라 전체가 성령이 거하지 아니하고, 하나님의 통치 밖에 있는 경우가 있으며 (대하 15:3) 초창기 에베소 교회와 사마리아 교회처럼 성령 자체를 모르는 경우가 있습니다. 교회가 집단적으로 구원받지 못하는 경우도 있고, 나라가 집단적으로 구원 받지 못할 수도 있으며, 그 기간이 오래 될 수도 있는 것입니다 (대하 15:3). 또한, '거짓의 영'이 집단적으로 역사 할 수도 있습니다 (대하 18:22).

느헤미야서에 보면 우리를 가르치신 것이 성령이었으며, 우리에게 먹을 것을 끊어지지 않게 한 것도 선한 영 즉, 성령이었다고 고백하고 있습니다.

"또 주의 선한 영을 주사 그들을 가르치시며 주의 만나가 그들의 입에서 끊어지지 않게 하시고 그들의 목마름을 인하여 그들에게 물을 주어"(느 9:20)

성령은 우리에게 가르쳐 주시고, 길을 인도해주십니다.

"너희는 주께 받은바 기름 부음이 너희 안에 거하나니 아무도 너희를 가르칠 필요가 없고 오직 그의 기름부음이 모든 것을 너희에게 가르치며 또 참되고 거짓이 없으니 너희를 가르치신 그대로 주 안에 거하라"(요1서 2:27)

하나님의 영은 주의 선지자들을 통해서 말씀하시고, 경고하시고, 그 말에 순종하지 아니하면 하나님의 은혜로 가졌던 것들을 모두 잃게 됩니다.

"그러나 주께서 그들을 여러 해 동안 참으시고 또 주의 선지자들을 통하여 주의 영으로 그들을 경계 하시되 그들이 듣지 아니하므로 열방 사람들의 손에 넘기시고도"
(느 9:30)

따라서 오늘날 선지자 역할을 하는 자들은 성령으로 말씀을 받아서 그 말씀을 전해야지, 나의 생각과 나의 지식으로 전해서는 안 됩니다. 성령의 말씀은 영혼을 소생시킵니다. 말씀을 받는 것이 곧 성령이 임하는 것임으로, 성령이 임하면 말씀을 받게 되고, 그 말씀 자체가 영혼을 소생케 만듭니다.

"여호와의 율법은 완전하여 영혼을 소성시키며 여호와의 증거는 확실하여 우둔한 자를 지혜롭게 하며"(시 19:7)

잠언서에도 주의 영과 말씀이 동시에 나타남을 예시하고 있습니다.

"나의 책망을 듣고 돌이키라 보라 내가 나의 영을 너희에게 부어 주며 내 말을 너희에게 보이리라"(잠 1:23)

이 영이 성경의 책들을 모았다고 기록하고 있고, 성경을 기록한 저자들 역시도 성령의 감동으로 기록하여 원저자가 '성령' 그 자체임을 말하고 있습니다.

"너희는 여호와의 책에서 찾아 읽어보라 이것들 가운데서 빠진 것이 하나도 없고 제 짝이 없는 것이 없으리니 이는 여호와의 입이 이를 명령 하셨고 그의 영이 이것들을 모으셨음이라"(사 34:16)

신약에 나타난
성령님의 역사

/

2

　　예수 그리스도가 성령으로 잉태되었기 때문에 그 자신이 바로 성령이 되는 것이고⁽마 1:18-20⁾, 그가 하늘로 올라가고 다시 성령이 역사하니 예수가 성령이고, 성령이 예수이므로 두 본질이 같음을 알 수 있습니다. 또한 사도행전 5장 3-4절에 보면 베드로가 아나니아에게 왜 성령을 속였는지 책망하면서 이것이 곧 하나님을 속인 것이라 하여 성령님과 하나님을 동일시하는 것을 볼 수가 있습니다. 예수는 그 자신이 성령과 불로 세례를 주시겠다고 했습니다⁽마 3:11⁾. 그리고 그 성령을 우리에게 보내 주신다고 하셨습니다.

> "내가 떠나는 것이 너희에게 유익이라 내가 떠나가지 아니하면 보혜사가 너희에게로 오시지 아니할 것이요 가면 내가 그를 너희에게로 보내리니"⁽요 16:7⁾

성령으로 잉태하신 예수님은 다시 공생애가 시작되기 전 세례를 받으시는 순간에 비둘기 같은 성령이 임합니다(마 3:16). 그는 시험을 받을 때도 성령에 이끌렸고(마 4:1) 제자를 양육하시면서 그들에게 말씀하시기를, 후에 총독들과 임금들 앞에 끌려 갈 때도 무엇을 말해야 할지 걱정하지 말라고 하셨습니다. 우리 안에 거하시는 성령이 말하게 하심을 따라 말할 것이라 했습니다(마 10:18-20). 말하지 못하는 사람이 성령을 통해 말을 할 수 있게 됩니다. 이것은 모세에게도 동일하게 일어났고, 예레미야 역시 당시 말씀이 임하고 난 이후 말씀을 선포하기 시작합니다(렘 1:4). 말씀과 성령의 임재는 항상 동시에 이루어집니다.

성령이 임하면 귀신이 도망가고(마 12:28) 이는 믿는 사람의 표적과 동일하여 믿음과 성령이 또한 함께 나타남을 볼 수가 있습니다.

> "믿는 자들에게는 이런 표적이 따르리니 곧 그들이 내 이름으로 귀신을 쫓아내며 새 방언을 말하며 뱀을 집어 올리며 무슨 독을 마실지라도 해를 받지 아니하며 병든 사람에게 손을 얹은즉 나으리라 하시더라"(막 16:17-18)

성령이 임하면 귀신이 도망가고, 이어서 하나님의 나라가 임합니다(막 12:28).

"그러나 내가 하나님의 성령을 힘입어 귀신을 쫓아내는 것이면 하나님의 나라가 이미 너희에게 임하였느니라"
(마 12:28)

예수님께서 바리새인들에게 '다윗이 성령에 감동되어 그리스도를 주라 칭한 것을 말함'으로써 성령이 구약에도 여전히 역사했음을 말씀하셨습니다.

"바리새인들이 모였을 때에 예수께서 그들에게 물으시되 너희는 그리스도에 대하여 어떻게 생각하느냐 누구의 자손이냐 대답하되 다윗의 자손이니이다. 이르시되 그러면 다윗이 성령에 감동되어 어찌 그리스도를 주라 칭하여 말하되 주께서 내 주께 이르시되 내가 네 원수를 네 발 아래에 둘 때까지 내 우편에 앉아 있으라 하셨도다 하였느냐. 다윗이 그리스도를 주라 칭하였은즉 어찌 그의 자손이 되겠느냐 하시니"(마 22:41-45)

"여호와께서 내 주에게 말씀하시기를 내가 네 원수들로 네 발판이 되게 하기까지 너는 내 오른쪽에 앉아 있으라 하셨도다"(시 110:1)

예수님의 말씀을 듣고 그 질문에 대답하는 자가 없고 그 날부터 감히 그에게 묻는 자도 없게 되었습니다(마 22:46).

성령이 임하는 이유는 가난한 자에게 복음을 전하고, 포로 된 자에게 자유를, 눈먼 자에게 다시 보게 하며, 눌린 자를 자유롭게 하기 위함이라 하였습니다(눅 4:18).

성령님, 지금도 역사하십니까?

/

3

성령님은 역사는 지금도 여전히 세계 곳곳에서 일어나고 있습니다. 우리는 영적 부흥을 소망합니다. 먼저는 성령의 은사가 초대교회 때 끝났다고 주장하는 성령 은사 중지(中止)론자들이 있습니다. 그러나 초대 교회의 사도들의 제자들, 속사도 시대 때나 그 이후의 초대 교부들의 문헌을 보면 전혀 그렇지가 않습니다.

기독교 초대교회사에 순교자 저스틴(100-165)은 병자와 귀신 들린 자들에게 귀신이 떠나는 기도 축사를 했습니다. 그리고 이레네우스(125-200, 리옹의 감독)는 이단 사냥으로 잘 알려진 분으로서 영지주의가 왜 이단인지를 논증한 분입니다. 이 분 역시 성령의 은사를 활용하라고 했습니다.

터툴리안(삼위일체라는 말을 만들어낸 분, 160-240)은 성령의 은사와 열매에 대해서 이야기하고 있습니다. 어거스틴도 은사가 지속되고 있음을 신국론, 고백론 등을 통해 고백하고 있는 것입니다.

죠지 휫필드, 찰스 피니, 무디, 마틴 로이드 존스, 존 스토트, 존 파이퍼, 박윤선 목사님 등 모두 성령은 지금도 역사하고 있다고 증언하고 있습니다.

성 어거스틴(354-430)의 '신의 도시'와 '취소 *The Retractation*'에서 사도시대 이후에 기적이 일어나고 있음을 보여주었습니다. '취소 2.7'에서 어거스틴은 "이 시대에만도 기적이 너무나 많이 나타나기 때문에 모든 기적을 다 헤아릴 수도 없으며 또한 우리가 아는 기적을 다 설명할 수도 없다고 했습니다.

그는 '신의 도시 22.8'에서 사도시대 이후에도 수많은 기적이 일어났다고 강조하고 세상이 믿게 위해서는 기적이 필요하다고 하였습니다. 카르타고시의 부시장의 직장궤양, 여인의 유방암, 한 의사의 통풍, 희극 배우의 중풍, 그리고 탈장이 치유된 것, 죽은 소년 이레네우스와 호민관 에레우시누스의 아들이 기름 부음으로 살아난 일, 또 많은 사람들에게서 기도로 귀신을 쫓아낸 일들을 증거했습니다.

요한 웨슬리는 1739년 4월 26일 일기에 보면, 뉴게이트 감옥 설교에서 예정론과 자유의지설의 교리적 문제를 하나님이 해결해 주시기를 기도드렸습니다. 그는 설교를 갑자기 멈추고 큰소리로 하나님께 부르짖었습니다. "제가 하나님의 진리를 말하지 안했다면 하나님께서 우리 가운데 아무런 역사를 나타내지 마시고 저의 이 주장이 진리라면 표적을 보여 진리를 확증하여 주십시오" 그 말을 선포한 후에 즉시 한 사람 또 한 사람 연이어 땅바닥으로 쓰러지더니 사람들이 마치 벼락에 맞은 듯 도처에 푹푹 쓰러졌다고 기록되어있습니다.[1]

'아주사 대 부흥운동' 역시 그와 유사합니다. 미국 뉴욕 타임스에 기사화하여 크게 이슈가 된 프랭크 바틀맨*(Frank Bartleman, December 14, 1871 – August 23, 1936)*이라는 기자의 이야기는 미국에 있었던 '아주사 대 부흥운동'의 이야기로 전 세계적으로 잘 알려진 이야기입니다. 그 기자는 성령의 역사에 대해 반박하고 거짓임을 증명하고자 1906년 아주사 부흥운동에 참석하게 됩니다. 그리고 그 운동을 이끌던 세이 무어*(William J. Seymour)*목사의 집회에 참석하여 앉은뱅이로 가장하였습니다. 그의 기도를 받고 치유 받은 척 하려고 했던 것입니다. 그리고 그의 치유가 거짓임을 폭로하려고 했습니다. 그러나 그의 의도와 달리, 성령은 세이 무어 목사에게 말씀을 하셨습니다. "그대로 되게 하소서"라는 성령님의 음성대로 세이무어 목사님이 프랭크 바틀맨에게 선포하자 이 사람이 갑자기 절름발이가 되어 버렸습니다.

절름발이 흉내를 내고 세이무어 목사님에게 모욕을 주려 하려다가 실제로 절름발이가 되어버린 것입니다. 그는 당황하여 크게 회개를 하고 성령의 사역을 오히려 전하는 전도자가 되었습니다. 이 일로 타임스에 자신에게 일어난 일을 기사화했고, 아주사의 성령운동은 더 크게 이슈가 되어졌습니다. 프랭크 바틀맨은 세이

무어 집회에 1906-1908년까지 참석을 했고, 후에 오순절 관련 된 출판 선교 사역에 매진하게 됩니다.

성공회 목사였던 데니스 베네트(Dennis Bennett)가 캘리포니아 벳나이스의 '성 마가 성공회 교회(St. Mark's Episcopal Church)'에 담임 목사로 재임하면서, 기도 중에 방언을 받게 되었습니다. 그리고 그것을 1960년 4월 주일 1부 예배 시간에 제가 방언을 하게 되었다고 고백하자 교회에서 사임하라는 압력을 받게 되었고, 이 사건이 라디오 방송과 타임스 신문에 기사화되게 되었습니다. 당시 타임스 신문에는 '하나님의 얼어붙은 백성들(frozen people)에게도 방언이 나타나게 되었다'고 하였습니다. 결국 그 교회에서 사임하고 워싱턴 주의 시애틀에 있는 '성 누가 교회(St. Luke's Church)'에서 목회하는데 짧은 기간 갑자기 엄청난 성장을 하면서 매주 2천명의 성도가 예배드리는 교회로 성장하여 그 지역에서 제일 큰 교회가 되었습니다. 이전 교회는 성령을 알지 못하여 복을 발로 걷어 찬 꼴이 되었던 것입니다. 그는 "아침 9시(Nine O'clock in the Morning)"를 저술하여 성령 세례와 방언에 대해서 정리했습니다.

조나단 에드워즈는 예일대학 졸업 설교에서 '성령 역사의 특징(The Distinguishing Marks of a Work of the Spirit of God)'이란 제목으로 대각성 운동의 분별에 대해서 하나님의 역사하심에 속한 성령의 역사의 증거로 5가지를 제시했습니다.

1. 공동체 안에서 예수의 존귀함을 찬양하고 예수를 성경에 말한 대로 하나님의 아들이요 구세주로 선포한다.
2. 죄를 짓게 하고 세상적인 욕정을 부추기는 사단의 왕국에 대항하여 싸운다.
3. 성경에 더 큰 관심을 불러일으키고 성경의 진실과 신성을 더 공고히 한다.
4. 진리의 영으로 인도되는 특징이 있다.
5. 하나님과 인간에 대한 새로운 사랑을 보여준다.

저는 여기에 모든 은사는 교회의 덕을 세우기 위함으로 성경에 기록되어 있어 하나 더 추가했습니다.

6. 교회의 덕을 세워야 하고, 공동체를 분열시키는 것이 아니라 하나로 세워야 할 것이다.

한국에서 은사 중지론을 믿었던 선교사들도 평양 대 부흥 운동의 역사를 경험하고 그들의 신학이 변화되었습니다. 장신대 교수 김인수 박사는 한국 기독교회사에서 "1919년 12월 경북 달성군 현풍에서 아래턱이 올라붙은 불구자를 고친 사건을 시작으로 중풍병자와 혈루병자가 나음을 받았고, 대구에서 수백 명의 병자가 치유 받았고, 부산 집회에서 앉은뱅이가 걷고, 평양에서는 11년간 벙어리 된 여인이 김 목사의 기도로 혀가 풀려 말하기 시작했습니다."고 기록했습니다. 임택권 목사는 김익두 목사의 이적 사역을 3년간 조사하여 1921년 "조선 예수교 이적 증명"이라는 책을 발간했습니다.

이용도 목사가 인도하는 전국적인 부흥회를 통해 1928년 이후 성령의 큰 역사가 나타나기 시작했습니다. 민경배 박사는 이용도 목사가 인도하는 집회에서는 많은 성도들이 방언을 비롯하여 신유와 여러 가지 성령의 역사를 체험하고 있다고 했습니다. 그러나 이용도 목사는 한국 기독교 초기 역사에서 처음으로 기독교 신비주의자로 매도당하는 비운을 맛보았습니다.

김인수 박사는 한국교회가 성령의 은사를 신비주의로 매도하는 상황에서 성령의 역사는 점점 약화되고 이적은 사라지게 되었다"고 비판했습니다. 장로교 통합측 원로 예영수 목사님도 성령의 역사는 현재 진행형이라고 했습니다.

한신대학교 신약학자 오영석 박사에 의하면, 어거스틴도 직접 하늘의 음성을 들었기에 회심하여 성자와 대(大) 신학자로 거듭났으며, 중세기 성 프란시스코에게 그리스도가 여러 번 나타났으며 토마스 아퀴나스에게도 그리스도가 나타났고, 물리학자이며 수학자인 파스칼도 성령의 임재와 그리스도의 현현(顯現)을 체험했고, 원래 술꾼이고 불량배였던 제주도 선교의 개척자인 이기풍 목사님도 환상 중에 피 흘린 그리스도를 만나고 회개하고 목사가 되었고, 이화여대 총장을 지낸 김활란 박사님도 소녀시절 기도 중에 예수 그리스도의 현현을 경험했습니다.

금호 제일 감리교회의 장광영 목사는 1969년 새벽 2시 5분 삼각산 통일봉에서 3일간 금식 기도를 한 후에 환상 가운데서 영광의 모습으로 나타나신 주님을 만나게 되고 후두암을 치유 받은 체험을 간직하고 있습니다. 산에서 내려오던 장 목사는 15-16세 되는 소년의 꼽추를 불쌍하게 여겨 기도해주자 꼽추가 치유되었다고 했습니다. 그의 집회에서 진동, 입신, 방언, 축사, 치유 등 다양한 기적이 일어났다고 했습니다.

오래전 듀크 대학교에서 150명의 심장병 환자들을 선별해 중보기도 받는 그룹들을 실험해보니 그들의 호전도가 다른 병동보다 50% 더 호전되는 통계를 발표했습니다. 미국에는 많은 연구 단체들이 종교와 치료의 상관관례에 대해서 다양한 연구를 하고 결과를 발표하고 있습니다. 예전에 미국 *FDA*에서 에이즈 환자 그룹 가운데 중보기도 받는지도 모르는 그룹들에게서 조차 중보기도의 효과를 보는 것을 발표한 적이 있습니다.

은사 중지론 본산지인 달라스 신학교 구약학자 젝디어 교수는 "놀라운 성령의 능력"에서 '방에 들어가서 성경책을 읽고 나오면 은사 중지론자가 되어서 나오지는 않을 것이다'라고 증언하기도 했습니다.

장로교 신학대학 성종현 박사는 유감스럽게도 오늘날 많은 교회들이 성령의 활동을 억누르고 성령의 사역을 제한하는 현상을 보게 된다고 했습니다. 많은 목회자들과 평신도들이 성령을 향해서 마음을 닫고 있다는 것입니다.

성령의 활동시대는 사도시대로 끝났다고 주장하는 이것은 사도바울이 우려했던 성령을 소멸하는 일이 아니고 무엇입니까?

"너희가 모든 은사에 부족함이 없이 우리 주 예수 그리스도의 나타나심을 기다림이라"(고전 1:7)

은사는 예수 그리스도가 다시 올 때까지 부족함이 없어야 되는 것입니다.

"내가 너희 보기를 간절히 원하는 것은 어떤 신령한 은사를 너희에게 나누어 주어 너희를 견고하게 하려 함이니"(롬 1:11)

성령의 역사는 끝나지 않았습니다. 성령의 역사는 현재도 여전히 진행형이며 우리는 이 은사와 열매를 사용하고 구해야 합니다. 그리고 더 나아가 풍성하기를 구해야 합니다.

고 하용조 목사님은 사도행전 29장을 계속 써가야한다고 했습니다. 이는 성령의 행전을 이어서 써가야 한다는 것과 맥락을 같이하고 있습니다.

제4장

성령님의 선물들

마틴 로이드 존스는 말씀 사역으로 유명하신 분인데, 그의 책 "성령 세례"에서 '오늘날 우리의 가장 큰 위험은 성령을 소멸시키는 것'이라고 했습니다. 그는 '이 시대가 성령의 억제를 옹호할 시대가 아니라 오히려 일으킬 필요가 있다'고 주장했습니다. 그는 현대 교회가 너무 허약하다며 안타까워했습니다. 또한, 그의 책 "생수를 구하라"에 보면 '성령의 불을 모르면 회개하라'고 했습니다. '여러분이 녹고 또 녹을 때까지, 성령과 그분의 사랑을 보내달라고 기도하라'고 했습니다. 또 '성령을 소멸하지 말고, 대신 성령으로 충만하고, 그리스도 안에서 기뻐하라'고 했습니다.

종교개혁자, 존 칼빈은 고린도전서 14장 5절을 주석하면서 '사도바울은 방언을 폐하려 한 것이 아니라, 당시 고린도교회가 은사의 목적에 부합하지 않게 은사를 남에게 과시하고 싶어 하고, 심지어 유해한 것으로 만들었기 때문에, 그 잘못을 수정하여 교회를 위하여 잘 선용하라고 하는 것이라'고 했습니다. 미국의 베들레헴 침례교회 존 파이퍼 목사님 또한 방언에 대해 '우리가 사모해야 하는 것'이라고 했습니다.

지혜의 은사

/

1

고린도전서 12:4-11에 보면 성령의 아홉 가지 은사가 나옵니다. 이 은사 중에 첫 번째가 바로 '지혜의 은사'입니다. 말씀에 대한 지혜의 은사는 우리가 가장 사모해야할 은사입니다. 머리가 되는 은사인, 지혜의 은사를 구하면 나머지는 다 따라 오는 것입니다. 믿음도, 신유도, 능력도 다 더불어 올 수 있습니다.

또한 은사는 '뿌리 은사'와 '가지 은사'로 나눌 수 있는데 지혜의 은사는 뿌리 은사라고 볼 수 있습니다. 뿌리 은사를 받아야 줄기도, 가지도, 잎도, 열매도 다 따라 나오는 것입니다. 성경에 이삭은 수 없이 우물을 빼앗겨도 우물의 뿌리, 우물의 물줄기 근원을 알고 있었기에 계속해서 우물을 파내었습니다. 그래서 오늘날 우리는 우물을 달라고 기도할 것이 아니라, 우물의 줄기, 근원을 달라고 기도해야 합니다.

말씀은 성경이고, 말씀 자체가 하나님입니다.

"태초에 말씀이 계시니라 이 말씀이 하나님과 함께 계셨으니…"(요 1:1)

또한 하나님을 경외하는 것이 지혜의 뿌리라고 하셨습니다.

"여호와를 경외함이 지혜의 근본이라…"(시 111:10)

여호와 하나님을 간절히 경외하고 의지하여야만 합니다. 그리스도 자체가 바로 지혜이기 때문입니다. 그리스도를 경외하고 모시는 것이 지혜 은사의 시작점입니다. 경외 자체를 안 하면 지혜가 올 수 없고, 아무리 성경을 외우고, 읽고, 연구해도, 그 성경을 참으로 이해할 수는 없습니다. 나를 위하여 십자가 지신 그 예수를 믿는 것이 바로 지혜 은사의 시작입니다.

"그리스도는 하나님의 지혜요…"(고전 1:24)

하나님의 지혜를 받으려면 그리스도를 받아들여야 됩니다. 예수를 안 믿는 사람은 성경적인 지혜를 받을 수가 없습니다. 하나님의 지혜는 그리스도에게서 나오고 또, 하나님을 경외함에서 나오게 되어 있습니다. 지혜는 친구보다 낫고(잠 8:11) 또한 금은보화, 재물보다 낫습니다(잠 3:14). 그래서 성경은 지혜를 구하라고 했습니다⁽잠 16:16⁾.

지혜는 사과나무와 같아서 사과를 계속 따도 또다시 사과가 열리기 때문에 지금 잃어버린 사과를 걱정할 필요가 없는 것이 지혜 은사입니다.

"너는 범사에 그를 인정하라 그리하면 네 길을 지도하시리라"(잠 3:6)

지혜의 오른쪽에는 장수가 있고 왼쪽에는 부가 있다고 했습니다⁽잠 3:15-16⁾. 지혜는 바로 생명나무입니다⁽잠 3:18⁾. 하나님의 지혜가 제일이며 지혜를 받은 후에 그리스도를 영접한 것이 희미해지면, 지혜도 희미해지게 됩니다. 지혜는 인간의 등불입니다. 등불이 밝으려면 항상 기름이 충만해야 하고, 그 기름은 바로 '성령의 기름'입니다.

지혜를 받는 비결은 무엇일까요?

첫째, 먼저 죄 지은 것을 회개해야합니다.
성령은 우리의 내면을 조명하여 우리의 작은 잘못까지도 생각나게 하시고 보게 하시고 깨끗하게 하십니다.

"너희 허물이 이러한 일들을 물리쳤고 너희 죄가 너희로 부터 좋은 것을 막았느니라"(렘 5:25)

둘째, 말씀을 읽기 시작해야 합니다.

말씀 자체가 예수 그리스도이시며, 곧 지혜이시기 때문에 말씀이 나를 지혜 가운데로 이끌어 줍니다.

셋째, 지혜를 구하여야 합니다.

"누구든지 지혜가 부족하거든 모든 사람에게 후히 주시고 꾸짖지 아니하시는 하나님께 구하라 그리하면 주시리라"(약 1:5)

지식의 은사

/

2

두 번째 은사는 '지식의 은사'입니다. 언뜻 '지혜'와 '지식'이 비슷한 것 같지만 다릅니다. 지혜는 배우지 않고도 아는 것이고, 지식은 배운 것을 잊지 않고 기억하는 것입니다.

전문 경영대학원을 나온 사람보다 배움이 적어도, 경영을 더 잘하는 사람도 있으며, 식품 영양학과를 전공하지 않고도 요리를 더 잘하는 사람이 있습니다.

배워서 잘하는 사람은 지식의 은사요, 배우지 않고도 스스로 깨달아 습득하고 더 잘하는 것은 지혜의 은사입니다. 물론 지식과 지혜가 겸비되어지면 더 좋을 것입니다.

"내 백성이 지식이 없으므로 망하는 도다 네가 지식을 버렸으니 나도 너를 버려 내 제사장이 되지 못하게 할 것이요 네가 네 하나님의 율법을 잊었으니 나도 네 자녀들

을 잊어버리리라"(호 4:6)

하나님 믿어도, 열심히 있어도, 말씀에 대한 지식이 없으면 망하게 됩니다. 하나님의 백성이라 할지라도, 하나님의 자녀라도 성경 지식이 없다면 버림받는다는 것을 깨닫고 말씀을 배워서 그 지식을 가져야 합니다.

그렇다면 이러한 지식은 어디서부터 오는 것일까요?

"여호와를 경외하는 것이 지식의 근본이다"(잠 1:7)

"또한 모든 것을 해로 여김은 내주 예수를 아는 것이 가장 고상함이라…"(빌 3:8)

예수 그리스도를 아는 지식 즉, 말씀에 대한 지식은 가장 고상합니다. 사도바울은 그 외 나머지 지식은 버렸다고 했습니다. 가뭄일 때는 양식 있는 사람이 최고입니다. 가뭄 들어 흉년이면 집이 좋아도, 옷이 좋아도, 양식 있는 사람이 왕이 되는 것입니다. 요셉이 양식을 갖고 있었더니 전 세계 사람이 다 찾아오는 것입니다. 생명의 양식을 가진 것이 바로 힘인 것입니다.

속장, 구역장, 각 그룹의 리더가 되어도 성경지식 없으면 힘이 없는 것처럼, 목사들도 강단에서 세상 이야기만하면 힘이 없어집니다. 그러므로 살아있는 지식의 말씀을 전해야 합니다.

이 글을 읽는 모든 분들이 하나님께로부터 온 지식의 은사를 받으시기 바랍니다. 이 말씀을 듣고 알면서도 행하지 않으면 지식의 은사는 오지 않으며, 누구든지 이 말씀을 듣고 행하면 신명기 28장의 축복을 주시겠다고 하나님께서는 약속하셨습니다. 즉, 이는 머리로 아는 것이 중요한 것이 아니라, 삶으로 살아내는 것이 참 지식인 것입니다.

혹, 우리가 지혜의 은사가 부족해서 성경을 잘 이해하지 못 할 수 있지만, 그러나 지식의 은사는 예배시간에 영과 진리로 예배를 드리고 말씀을 사모하면 말씀의 뜻이 깨달아지고 그 말씀을 행하면 지식의 은사가 오는 것입니다. 이것들은 다른 은사보다 더 귀합니다. 배우지 않고 아는 지혜의 은사, 배운 것을 그대로 활용하는 지식의 은사, 이 두 은사는 말씀을 사모하는 자들에게 오는 머리 은사입니다.

'내 백성이 지식이 없어 망한다'고 했으니, 말씀의 지혜와 지식은 우리가 망하지 않는 첩경이요, 성공의 열쇠인 것이며, 반드시 필요한 은사라 할 수 있겠으며, 그렇지 못하다면 말씀의 지혜와 지식이 있는 목자나 교회와 함께 해야만 멸망의 길에서 구원받을 수 있습니다.

구약에서는 이 외에 다섯 가지 정도 지혜와 지식의 은사의 범

류로 더 나와 있습니다. 정치적 지혜(왕상 4:21), 자연에 대한 지식(왕상 4:33), 인간관계에 대한 지혜(왕상 3:16-28), 기술이나 전문적 지식(대상 22:15-16), 교훈과 비밀을 통해서 인생의 해답을 찾게 되는 것입니다(시 71:17).

따라서 정치인이나, 전문인이나, 장인이나, 기술자 자연환경과 연결되었거나 철학자나 신학자 특히 목회자는 더욱 더 성령의 지혜와 지식의 은사를 추구해야 합니다.

정치가였던 영국의 윌리엄 윌버포스(William Wilberforce, 1759년 8월 24일-1833년 7월 29일)는 21세에 최연소 국회의원이 된 후 41년 동안 국회의원으로서 활약했습니다. 이십 대 중반에 예수님을 영접한 후 평생을 아침 식사 전, 매일 2시간씩 기도와 성경묵상을 했다고 합니다. 어느 날, 윌버포스는 정치에 회의를 느끼고 존 뉴턴 목사를 찾아와 신학교에 가겠다고 했습니다. 존 뉴턴 목사는 노예선 선장 출신으로 자신의 죄를 회개하고 "나 같은 죄인 살리신"이란 찬송을 지은 회심의 대명사로 유명한 목사였습니다. 존 뉴턴은 윌리엄 윌버포스에게 "당신의 부르심은 교회가 아니라 국회입니다."라고 그를 권면했습니다.

그는 1787년 아침 큐티를 하다가 하나님의 부르심을 듣고 두 가지 큰 사명을 자신의 일기장에 적었습니다. "하나는 영국의 노예제도를 폐지하는 것이고, 또 하나는 영국 국민의 삶을 향상 시키는 것이다 이것을 위해 내 목숨을 걸겠다." 당시 영국 국고 수입의

30-40%가 노예 수송에서 나왔다고 합니다. 이러한 시기에 윌버포스가 노예제도를 버리라고 했을 때, 영국 사회가 크게 뒤집어졌습니다. 그는 '무엇이 위대한 나라를 만드는가?'라는 내용으로 국회 연설을 150회가 넘게 해야 했으며, 이 싸움이 끝나기까지 꼬박 45년이 걸렸습니다. 그러나 그의 노예 해방이 높게 평가 받아야 함은, 피를 흘리지 않고 '기도와 설득'으로 이것을 결국 이루어 냈다는 점입니다. 그는 자신의 생전에 노예제도가 사라지길 기도했는데, 그가 죽기 일주일 전에 이 법안이 통과되었습니다. 훗날 그의 사상이 아브라함 링컨에게도 영향을 주었습니다.

윌버포스의 운동이 결실을 맺게 된 것은, 그를 지지한 클래팜(Clapham) 공동체가 있었기 때문에 가능했는데 그 공동체는 국회의원, 사업가, 군인, 농장주 등이 포함되어 있었습니다. 그들의 전문성, 여론 조성, 깨끗한 인격과 신앙이 위대한 결과를 이끌었다고 봅니다. 하나님은 정치적인 지혜를 주십니다.

또한 성령의 지혜와 지식은 자연의 지혜와 지식을 알게 하십니다.

메릴랜드 주 그린벨트에서 우주 관계 과학자들이 태양과 달의 궤도를 살펴보다가 23시간 20분 동안 궤도가 정지된 사건에 대해서 우주계획 고문인 해롤드 힐씨가 발표하는 일이 있었습니다(수 10:12-14, 왕하 20:8-11).

매튜 마우리(Matthew Fontaine Maury, 1806-1873)는 시편을 읽다가

해로가 있다는 사실을 발견했습니다(시 8:8, 107:8, 23, 24, 전 1:8). 그의 동상은 버지니아 주 고쉔에 있으며 그가 성경을 읽다가 해로를 발견했다는 기록이 쓰여 있습니다.

바다 속은 평평할 것이라고 믿어져 왔으나 현대 과학의 발달로 바다 속에 산이 있다는 사실을 알게 되어졌습니다(욘 2:5-6).

공기가 무게가 있을 것이라고 17C 갈릴레오가 생각했지만 증명할 수는 없었습니다. 그러나 그의 제자 토리첼리(*Evangelista Torricelli*)가 기압계를 만들어 공기가 압력이 있음을 증명했습니다(욥 28:25).

스탠더드 오일 회사가 이집트의 석유를 채굴하게 된 계기는 그 회사의 감독관이 성경을 묵상하던 중에 '나일 강가에 역청(원유)을 발라 모세를 갈대상자에 띄웠다'(출 2:23)는 이야기를 읽고 그곳에 석유가 있을 것이라는 확신을 가지고, 지질학자인 찰스 윗샤츠(*Charles Whitshott*)를 이집트로 파견하여 석유를 채굴하게 되었다고 합니다.

이스라엘의 질 페더만 역시 소돔과 고모라 성이 심판 받을 때 '연기가 옹기 가마 연기 같이 치솟았다'라는 말을 읽고(창 19:28) 1953년 유전을 탐사하다가 발견했는데, 이것이 이스라엘의 첫 유전이었습니다.

믿음의 은사

/

3

　믿음 또한 뿌리입니다. 뿌리는 땅에서 저절로 나오는 것이 아니라 뿌리는 씨를 심어야 생기는 것이지요. 씨를 뿌려야 뿌리가 생기는데 이는 들음에서 나오는 것입니다.
　씨를 뿌려야 됩니다. 뿌리지 않고는 저절로 생길 수가 없기 때문에 믿음의 은사를 사모하는 분들은 말씀을 읽고 듣기를 사모해야 합니다. 또한 씨앗이 심겨져도 좋은 밭에 심겨져야하기 때문에 말씀을 심을 때에 아멘으로 화답하여 받아야 하고, 그 말씀의 뿌리가 바로 믿음을 형성하는 것입니다. 성경은 믿음을 낳는 어머니이고, 믿음의 은사를 받으려면 하나님의 말씀의 씨앗을 심는 방법 외에 다른 것이 없습니다. 말씀은 믿음을 낳습니다. 말씀이 씨앗이고 믿음이 뿌리가 되어 열매를 맺습니다. 따라서 은사의 세 번째로 중요한 것이 믿음인 것은, 말씀 다음 따라와야 하는 것이 바로 믿음이기 때문입니다.

"그러므로 믿음은 들음에서 나며 들음은 그리스도의 말
씀으로 말미암았느니라"(롬10:17)

하나님의 말씀을 한 번도 안 들은 사람은 믿음이 있다고 할 수 없으며, 이는 씨앗 자체가 뿌려지지 않았기 때문에 뿌리가 생성될 수 없는 것입니다. 믿음의 뿌리가 얕은 사람은 바람이 불 때 뿌리가 흔들리고, 믿음의 뿌리가 깊게 내린 사람은 바람이 불어도 믿음의 뿌리가 깊게 내려 있어 잠깐 흔들릴지언정 뽑히지는 않습니다.

예수님은 믿음이 없는 자들을 책망하시고, 믿음이 큰 자를 칭찬하셨습니다.

"이에 예수께서 대답하여 가라사대 네 믿음이 크도다…
네 믿음대로 되리라"(마 15:28)

나는 개만도 못한 여자라고 한 그 여자의 겸손한 자세가 바로 큰 믿음이었습니다. 이 믿음은 소원을 성취하는 믿음이었습니다. 큰 믿음은 바로 겸손한 자세와 나의 한계를 인정하고 그분께 맡기는 것으로 시작됩니다.

예수님은 믿음이 적은 사람들을 책망하셨습니다(마 17:20). 믿음이 적은 사람은 그 믿음대로 소원을 이루지 못합니다. 적은 믿음은 기적이 나타나지 않고 큰 믿음에는 생각지 못한 기적이 나타나게 됩니다(고전 2:9).

지금도 믿음이 적은 사람들이 많습니다. 풍랑을 만나서 두려워하는 자들은 예수님의 제자들이었습니다.

"이에 제자들에게 이르시되… 너희가 어찌하여 믿음이 없느냐"(막 4:40)

제자들은 남들보다 믿음이 커야 하는데 예수님은 이들에게 믿음이 없는 자들이라 책망했습니다. 당시의 사도라고 하면 지금으로는 목사들이라 할 수 있는데, 목사라도 믿음이 없을 수 있습니다. 하물며 장로, 권사, 집사도 믿음이 없는 사람이 너무 많습니다.

악몽을 꾸고 나서 '안 좋은 일이 오겠구나'하고 불안해하고 믿으면 그 믿는 대로 그 일이 일어나고, 반대로 '길몽을 꾸면 되겠구나'하고 믿으니 그 믿음대로 또 됩니다. 예수님이 가장 많이 말씀하신 말씀 중 하나가 "네 믿음대로 될 지어다"입니다.

믿음은 먼저 예수그리스도께 그것을 올려두어야 하는데, 믿음을 가게에다 사업체에다 두는 사람은 사업체가 문을 닫으면 믿음이 없어지고, 믿음을 돈 위에다 올려놓은 사람은 돈을 잃어버리면 믿음이 없어집니다. 믿음을 사람 위에다 올려놓아서 그 사람이 없어지면 믿음이 없어지는 경우도 있습니다.

욥은 재산 위에, 자식 위에 그의 믿음을 올려놓지 않았습니다.

믿음은 부모에게, 자식에게, 사업체에, 재물 위에, 건강에 올려놓는 것이 아니라 말씀 위에 놓아야 합니다. 믿음은 말씀 위에 올려놓고 사는 것이며, 세상 것이 다 없어져도 믿음은 세세토록 있으며 모든 것이 소멸하고 다 없어져도 말씀 위에 믿음을 붙여 놓은 사람은 세세토록 영원한 것입니다(벧전 1:24-25).

"그러므로 누구든지 나의 이 말을 듣고 행하는 자는 그 집을 반석 위에 지은 지혜로운 사람 같으리니"(마 7:24)

"믿음은 바라는 것들의 실상이요 보지 못하는 것들의 증거니"(히 11: 1)

미래의 것을 현실화해서 천국을 가보지 못했어도 간다는 것을 믿으면 가는 것입니다. 우리는 봐야 믿는 것이 아니라 말씀에 의지해서 믿습니다.

"그러므로 믿음은 들음에서 나며 들음은 그리스도의 말씀으로 말미암았느니라"(롬 10:17)

'믿음'은 씨를 받아 들이는 '밭'이 되는데, 씨앗이 아무리 좋아도 밭이 없으면 소용없고, 밭도 다 같은 밭이 아니라 옥토 밭도 있지만, 가시밭도, 길 밭도, 돌밭도 있기 때문에 씨앗이 옥토 밭에 떨어질 때에만 삼십 배, 육십 배, 백 배의 결실을 맺는 것입니다. 그래서 말씀의 씨앗이 떨어질 때 믿음이 뿌리내리는 밭이 되는 마음을 옥토 밭 되게 하기 위해서라도 말씀을 '아멘'으로 화답해야 합니다.

성경은 계속해서 '아멘'으로 받으라고 명령하고 있습니다.

"이 율법의 말씀을 실행하지 아니하는 자는 저주를 받을 것이라 할 것이요 모든 백성은 아멘 할지니라"(신 27:26)

"여호와 이스라엘의 하나님을 영원부터 영원까지 송축할지로다 하매 모든 백성이 아멘 하고 여호와를 찬양하였더라"(대상 16:36)

"에스라가 위대하신 하나님 여호와를 송축하매 모든 백성이 손을 들고 아멘 아멘 하고 응답하고 몸을 굽혀 얼굴을 땅에 대고 여호와께 경배하니라"(느 8:6)

"…하나님의 아들 예수 그리스도는 예 하고 아니라 함이 되지 아니하셨으니 그에게는 예만 되었느니라"(고후 1:19)

"하나님의 약속은 얼마든지 그리스도 안에서 예가 되니 그런즉 그로 말미암아 우리가 아멘 하여 하나님께 영광을 돌리게 되느니라"(고후 1:20)

"...아멘이시오 충성되고 참된 증인이시오 하나님의 창조의 근본이신 이가 이르시되"(계 3:14)

내 속에 믿음이 있을 때 말씀의 씨앗이 떨어지면 '아멘 아멘' 하고 받아야 역사가 일어납니다. 참새 새끼가 짹짹 거리며 입을 크게 열어 울 때 그 새끼에게 먹이가 하나 더 가는 것처럼, 큰 믿음은 말씀을 사모함에서 옵니다.

"... 네 입을 크게 열라 내가 채우리라..."(시 81:10)

아멘으로 믿음의 뿌리도, 줄기도, 잎사귀도, 열매도 생깁니다. 하나님의 전능한 말씀을 믿으면 그리고 그 뿌리에서부터 능력의 역사로 나타납니다. 하나님의 기적적인 말씀은 이 믿음을 뒷받침해야 합니다. 오늘날 말씀이 능력이 있어도 믿음이 뒷받침되지 않으면 효력이 없습니다.

따라서 하나님의 나라는 말에 있지 아니하고 능력에 있으며 (고전 4:20), 이 능력이 없는 것은 믿음이 없기 때문이고, 믿음이 없음은 귀가 있어도 듣지 못하고, 말씀을 사모하지 아니하며 간절함이 없기 때문입니다.

"들은 바 그 말씀이 그들에게 유익하지 못한 것은 듣는 자가 믿음과 결부시키지 아니함이라"(히 4:2)

오늘부터 이 말씀을 읽고, 묵상하고, 말씀을 외우고, 중얼거리고, 믿음으로 화합하여 실천해 봅시다. 한 손을 아무리 휘둘려도 받아 주는 곳이 없으면 소리가 나지 아니하고, 손뼉도 마주쳐야 소리가 나듯이 말씀은 반드시 믿음으로 화합해야 합니다.

말씀이 능력이고, 권능이고, 따라서 받는 자가 반드시 믿음으로만 화답한다면 역사와 기적과 능력이 나타나는 것입니다.

엘리야는 우리와 성정이 같기 때문에(약 5:17) 내가 말씀에 믿음으로만 화답한다면 반드시 그 약속이 내게 성취되게 되어 있습니다(히 13:8).

소나기를 퍼 부어도 항아리 뚜껑을 닫으면 소용이 없고, 불을 던져도 기름이 없으면 소용없는 것입니다. 이슬비가 내려도 뚜껑을 열면 언젠가는 차는 것처럼, 성경속의 최고의 나무, 레나논의 백향목이 이슬비를 먹고 사는 것을 알아야 합니다. 따라서 마음이 얼마나 중요한지 깨달아야 합니다. 마음에 따라서 말씀이 역사를 일으키기도 하고 아무런 역사가 없기도 합니다.

> "모든 지킬 만한 것 중에 더욱 네 마음을 지키라 생명의 근원이 이에서 남이니라"(잠 4:23)

예수님이 직접 말해도 믿음으로 화합한 자들만이 역사가 나타났습니다. 예수님이 말해도 거부한 사람들이 있었습니다. 그럼으로 믿음은 모든 것의 기초가 되는 것입니다.

여호수아가 각 지파에게 살 곳을 그림을 그려 오라 하였고 그들이 그린대로, 그들의 믿음대로 그들은 그 곳에 살게 되었습니다.

씨앗은 심기우면 다 열매를 맺게 되어 있다. 다만 다시 땅을 파지 말아야 하며, 자랄 때 방해되는 요인들을 제거해야 합니다. 부정적인 가시밭에 심지 말아야 하고, 의심하는 길가에 심지 말아야 하며, 걱정 근심 돌짝 밭에 심지 않아야 합니다.

아이를 주실 것을 믿고 기도했던 한나처럼, 하늘에서 불이 내려 올 것을 믿고 기도했던 엘리야처럼, 여리고성이 무너질 것을 믿고 여리고성을 돌았던 이스라엘 백성처럼, 그렇게 믿음으로 행해야 합니다.

신유의 은사

/

4

"믿는 자에게 이런 표적이 따르리니 병든 자에게 손을 댄
즉 나으리라"(막 16:17절-18절)

병자를 고치는 것은 사도나 목사만이 아니라 모든 믿는 자에게 나타나는 현상입니다. 누구나 예수를 믿음으로 병을 고칠 수 있는 것입니다.

저는 초등학교 시절 혀 밑에 돌기가 있어서 병원에서 절제 수술을 해야 한다고 했습니다. 그러나 집으로 와서 저는 하나님께 직접 치료해달라고 간절히 기도했는데 어느 순간 혓바닥 밑에 돌기가 제거되었습니다. 지금도 그 흔적이 남아 있습니다. 12년 넘게 앓던 천식이 로스앤젤레스 콜로세움에서 10만 이상이 모여 함께 기도하다가 사라졌습니다. 제 몸에 너무 많은 예수 그리스도의 치유의 흔적(스티그마)가 여러 곳에 있습니다. 이 치유의 역사는 꼭 특정

목사님이나 부흥사나, 장로님이나 권사님만 하는 줄 아는 사람이 많습니다. 그러나 성경에는 모든 믿는 자에게는 신유의 역사가 일어난다고 했습니다.

여러분이 믿는 사람이라면, 하나님 저의 병을, 남편의 병을, 아내의 병을, 부모의 병을, 자녀의 병을 치료해 달라고 간절히 기도하면 치유되는 현상을 많이 경험하게 될 것입니다. 이렇게 해서 낫게 되는 것은 은혜요, 이것이 지속적으로 나타나는 것을 은사라 하겠습니다.

"나는 너희를 치료하는 여호와임이니라"(출 15: 26)

"예수님은 모든 병과 모든 약한 것을 고치시리라"(마 9:35)

모든 병이라 하면 암 뿐만 아니라 오장육부 모든 병과 심리적 영적 그리고 사업체와 공동체 더 나아가 국가의 병까지 포함하고 있는 것입니다.

남가주의 저와 교제하는 정기정 목사님은 믿음으로, 유전으로 내려오는 축농증을 치유받기 위해서 몇날 며칠을 기도했더니 코에서 뜨거운 무언가가 계속 나오면서 치료를 받았다고 합니다. 집안 내력의 치질도 덩어리가 떨어져 나가면서 치료되었다고 했습니다.

저의 어머니, 김혜자 권사님도 미국에서 저의 교회에 참석하시다가 목에 있던 혹이 떨어져나가 치유되었고, 저의 집에서 가정예배를 함께 드리던 저의 친할아버지의 위암이 치료되고 오그라들었던 다리가 펴지는 치유의 사건이 있었습니다.

제가 시무하는 팜 스프링스 한인 교회의 김성호 집사님은 항상 극심한 편두통에 시달리다가 안수 기도를 받으신 후에 1984년부터 두 달마다 찾아왔던 편두통이 깨끗이 사라지게 되었습니다. 32년 만에 완전한 치유라고 하셨습니다. 박현순 집사님은 18년 된 무릎 관절이 치유되셨고, 김규연 집사님은 치통, 양춘규 장로님은 허리통증이 사라졌습니다.

또한 제가 처음 개척한 교회에서 마이클 미첼(*Don Mitchell*)이라는 분은 고난주간 특별새벽기도기간에 새벽예배에 참여하시다가 허리 디스크의 치유를 경험하고, 한국어 방언이 터지기도 하셨습니다.

'산딸기' 애로 영화시리즈로 유명한 김수형 감독은 예수를 영접한 후 "주님의 뜻을 이루소서" 찬양을 부르다가 그의 비뚤어진 사시가 원상회복 되었고, 그의 형님은 폐렴으로 고생하시다가 대조동에서 천막교회를 하던 당시의 조용기 목사님의 안수로 귀신이 떠나가며 폐렴이 완치되었다고 합니다. 김수형 감독은 지금은 교회의 장로님이 되셔서 저와도 가끔씩 교제를 나누며 서로 중보기도를 하고 있습니다.

주님은 불완전하신 분이 아니시고, 완전하신 분이시며, 그에게는 불가능한 것이 없으십니다.

"그리스도의 말씀을 듣고 말씀이 기적을 낳지 못하는 것은 믿음이 화합하지 못해서 그렇다"고 하셨습니다(히 4:2). 말씀의 씨앗이 떨어질 때 밭은 우리의 마음입니다. 순수한 마음으로 믿음을 가져야만 되는 것입니다.

이것은 약속된 말씀이고, 말씀을 전하는 자와 기도하는 자에 대한 전적인 신뢰와 믿음이 중요합니다.

"너희가 우리에게 들은 바 하나님의 말씀을 받을 때에 사람의 말로 받지 아니하고 하나님의 말씀으로 받음이니 진실로 그러하도다 이 말씀이 또한 너희 믿는 자 가운데에서 역사하느니라"(살전 2:13)

사도들의 말씀을 하나님의 음성으로 들은 그들에게 말씀이 역사하였다는 것입니다. 말씀을 듣는 자세는 너무 중요합니다. 이 시간에 말씀이 불이 되어 떨어진다고 생각하면 집중하지 않을 수 없습니다. 그 불은 우리를 치료하는 불입니다.

예수님은 주님의 제자들에게도 모든 병과 모든 약한 것을 치유하는 권능을 주셨으며(마 10:1), 따라서 그 권능은 우리가 제자가 되면서, 우리에게도 임할 수 있는 것입니다.

질병은 여러 가지 이유로 오는데 예수님은 그 원인을 치유하심으로 병을 고치셨습니다.

첫째, 귀신이 들어가서 질병이 오는 경우가 있습니다.

"벙어리 되고 귀먹은 귀신아 내가 네게 명하노니 그 아이에게서 나오고 다시 들어가지 말라"(막 9:25)

"예수께서 말씀으로 귀신들을 쫓아내시고 병든 자를 다 고치시니"(마 8:16)

귀신이 들어가서 질병이 오는 경우는 귀신을 쫓음으로 그 병에서 치유함을 받습니다. 암, 폐 질환, 위장병, 독감 등 모든 질환이 여러 질병이 귀신과 연결 되어 있음이 성경에 기록되어 있습니다. 저는 귀신이 나가면서 질병에서 자유함을 얻는 경우를 실제로 많이 보았습니다.

둘째, 죄로 인해 질병이 오는 경우가 있습니다.

"다시는 죄를 범치 말라"(요 5:14)

질병을 고쳐 달라고 했는데, 엉뚱하게 죄를 사하는 경우가 있습니다. 이는 질병의 원인이 죄에 있기 때문입니다. 예수님은 원인을 치료를 하시기 때문에 죄를 사함으로써 나음을 얻게 하십니다. 성경에 나오는 중풍병자는 그의 병을 고쳐 달라고 하니 죄를 사하고 치유되었습니다(막 2:5). 병의 원인이 죄였던 것입니다.

성경에서의 질병은 죄 값과 귀신의 장난으로 되는 경우가 적지 않게 있습니다. 병은 고침을 받아도 다시 재발해서는 안 되며, 가지만 자르면 다시 가지가 자라는 것처럼 원인을 치료하고 제거해야 합니다. 이러한 질병들을 예수님은 말씀으로 고치셨습니다(마 8:16, 눅 7:1-10, 요 1:5-9).

"말씀을 보내사 병을 고치시고 위경에서 구해주신다"
(시 107:20)

"대저 하나님의 모든 말씀은 능치 못함이 없나니"(눅 1:37)

"믿음의 기도는 병든 자를 고치시리니 주께서 저를 일으키시리라 혹시 죄를 범했을지라도 사하심을 얻으리라"
(약 5:15)

죄 때문에 병이 들었어도 믿음으로 하는 기도는 질병을 치료

한다는 것입니다. 그 믿음은 말씀의 지혜와 지식으로 오는 것이며, 그것이 병을 낫게 하고 그것이 능력을 나타나게 하는 것입니다. 그래서 병든 사람은 하나님께 회개 기도를 하면서 병 낫기를 기도해야 하며, 그러다가 능력 받고, 능력의 종이 되는 것입니다. 말씀을 들으면서, 기도하면서, 치료함을 받습니다.

셋째, 하나님이 하시는 일을 나타내기 위해 오는 질병도 있습니다.

"제자들이 물어 이르되 랍비여 이 사람이 맹인으로 난 것이 누구의 죄로 인함이니이까 자기니이까 그의 부모니이까? 예수께서 대답하시되 이 사람이나 그 부모의 죄로 인한 것이 아니라 그에게서 하나님이 하시는 일을 나타내고자 하심이라"(요 9:2-3)

이는 어떤 원인으로 오는 것이 아니라 그냥 하나님이 하시는 일을 나타내는 도구로 질병이 오는 경우도 있음을 암시하고 있습니다. 그렇기 때문에 우리는 섣불리 교회에서 공동체에서 특정인의 실패와 아픔 질병을 절대로 정죄해서는 안 되는 것입니다.

넷째, 육체의 질병으로 그리스도의 능력이 나타나는 경우도

있습니다.

사도바울은 육체의 질병을 없애 달라고 수 없이 기도 했지만 하나님은 그의 기도를 거절하고 그 약함이 오히려 강함이 되고, 하나님의 능력이 나타나는 도구가 된다고 하였습니다. 나의 연약함은 더욱 주님을 신뢰하게 함으로 육신의 연약함이 축복이 될 수도 있는 것입니다.

> "나에게 이르시기를 내 은혜가 네게 족하도다 이는 내 능력이 약한 데서 온전하여짐이라 하신지라 그러므로 도리어 크게 기뻐함으로 나의 여러 약한 것들에 대하여 자랑하리니 이는 그리스도의 능력이 내게 머물게 하려 함이라"(고후 12:9)

능력의 은사

/

5

능력의 은사는 성령으로 말미암아 주어지는 것입니다. 이것은 보통 성령 받을 때 힘이 솟는 것과 다르다. 보통의 믿는 사람들이 가진 능력을 넘어서며 영적인 세계와 물질적인 세계, 자연계를 지배하는 능력을 말합니다.

이 능력의 은사를 받으면 이 사람은 무서운 사람이 됩니다.
이 능력의 은사를 받으면 이 사람이 말하는 대로 됩니다.

여호수아가 하늘의 해를 멈추게 하고, 엘리야가 하늘에서 비를 그치게 하니 삼년 반 동안 비가 그치고 다시 기도하니 내리기 시작하였습니다. 또한 기도할 때 하늘에서 불이 떨어지기도 했습니다. 다니엘은 사자의 입을 봉하였고, 사무엘은 그가 한 말이 하나도 땅에 떨어지지 않았다고 합니다. 베드로도 능력이 나타나서,

그를 감옥에 가두니 옥문이 열렸고, 예수님께서 풍랑이 일어날 때 '바람아 잔잔 하라' 명령하시니 그 말에 자연계가 순종하였습니다.

아나니아가 헌금을 속이자 네가 사람이 아니라 하나님을 속였다고 할 때 그 자리에서 즉사합니다. 이어서 삽비라가 또 거짓말을 하고 하나님을 속이는 자들이 모두 그 자리에서 죽게 됩니다.

제가 2001년 캐나다에 있을 때의 일입니다. 당시 제가 전도사로 시무했던 토론토 불꽃교회에서 야외예배를 가려고 계획하고 있었습니다. 일기예보를 통해 '다음 주 비가 올 예정이니 일정을 연기하자'는 의견이 많았습니다. 당시 한국에서 막 부임해 오신 공성훈 목사님은(현재 분당 불꽃교회 담임) '기도하면 비가 오지 않으니 다음 주에 예정대로 야외예배를 갑니다'라고 선포했습니다. 제 친구와 그 말을 들었던 사람들은 그 말을 비웃었습니다. 그러나 놀랍게도, 야외예배 당일에 비가 오지 않았습니다. 당시 캐나다는 일기예보 적중률이 80퍼센트 이상이었으니 그 목사님의 말을 모두 믿지 않고 비웃었음도 당연했습니다. 그러나 믿음으로 기도하니 비가 멈추고 날씨도 순복하기도 하는 것입니다.

교통사고로 23년 동안 허리가 굽은 채로 지내셨던 나의 작은아버지는 부산 북교회 장로교 고신측의 장로님이십니다. 그 교회에서 예수전도단의 크리스티 리 선교사님의 집회 가운데 저의 작은아버지의 장모님께서 기도로 허리가 펴지는 사건이 있었습니다. 이 모든 것이 다 능력의 은사입니다.

거라사의 귀신들린 남자에게 예수님이 나가라 명령하시자 그 귀신들이 돼지 떼에게 들어갔습니다. 귀신 들린 사람을 고치신 것입니다. 능력의 은사를 받은 사람이 교회에 있으면 그 교회에 하나님의 역사가 계속해서 나타납니다. 이는 자신을 죽여야 오는 은사입니다. 마음에 신경질, 미움, 이간질, 분노가 있으면 이 능력을 받지도 못하고, 성령께서 주지도 않습니다. 이 은사가 잘못 사용되어지면 억울한 희생이 올 수 있기 때문입니다.

이 능력의 은사는 축복권과 저주권이 함께 오게 됩니다.

"너를 축복하는 자에게는 내가 복을 내리고 너를 저주하는 자에게는 내가 저주하리니"(창 12:3)

"너희가 누구의 죄든지 사하면 사하여 질 것이요 누구의 죄든지 그대로 두면 그대로 있으리라 하시니라"(요 20:23)

"내가 천국 열쇠를 네게 주리니 네가 땅에서 무엇이든지 메면 하늘에서도 매일 것이요 네가 땅에서 풀면 하늘에서도 풀릴 것이다"(마 16:19)

땅에서 능력의 은사를 받은 사람이 하는 대로 하늘에서도 함께 움직이게 됩니다. 그러나 이 은사는 능력을 받기 전에 먼저 하나님께 인정을 받아야 합니다.

사도 바울에게는 이러한 능력이 강력하게 나타났고, 그가 악귀를 만날 때마다 이 사람에게서 나가라 명령하면 그때마다 악귀가 도망치고, 못 고칠 질병도 사도바울의 수건을 빼앗아 몸에 가져다 놓아도 귀신이 떠나갔습니다(행 19:12-). 이것을 그 곳에 있던 무당이 사도 바울을 따라한 장면이 나옵니다. 그랬더니 귀신들이 '우리가 예수도 알고, 바울도 아는데 너희는 누구냐'라며 귀신들린 자들이 덤벼들어 구타를 하자, 옷을 벗고 도망을 갔다고 기록하고 있습니다.

따라서 이 능력의 은사는 아무나 받는 것이 아니고, 사심이 없어야 되고, 내가 없어야 되며, 오직 예수님만 위해서, 오직 공동체만을 위해야 되는 것입니다.

능력의 은사는 자기를 죽이는 능력, 영적인 세계를 지배하는 능력, 물질적 세계를 지배하는 능력, 자연계를 지배하는 능력, 인간 세상을 지배하는 능력으로 이 모든 것에 초월한 사람이어야 합니다. 자기 자신을 죽이고, 하늘의 것을 추구하는 사람이어야 하며, 사심을 품지 않고, 믿음을 가지고, 하나님의 나라를 위해 선포를 해야 합니다.

성경의 니골라 집사는 차후 저주를 받았고(행 6:5, 계 2:6,15), 능력을 충분히 받고 질병을 고쳐도 돈에 욕심이 생기면 가룟 유다처럼 버림을 받게 되는 것입니다. 과거에 제자였어도, 과거에 성령이 충만했어도, 다 소용없는 것입니다. 신앙이란 언제나 현재가 중요합니다.

능력의 은사를 달라고 금식을 해도, 철야 기도를 해도, 능력의 은사는 그냥 오지 않습니다. 능력의 은사 받기 위해 하나님의 능력으로 나를 죽일 때, 그 능력이 나에게 와서 역사하기 시작합니다.

제가 캐나다 토론토의 사거리에서 길을 건널 때, 대형 버스가 코너를 도는 저를 칠 뻔 했을 때, 보이지 않는 어떤 강력한 힘이 나를 인도 쪽으로 밀쳐냈습니다. 나는 누가 내 등을 밀었나 쳐다보았지만 뒤에는 아무도 없었습니다. 갑자기 어머니 생각이 나서 한국에 연락하였더니 저의 어머니가 온종일 저를 위해서 기도를 하셨다고 합니다. 능력의 은사는 멀리 떨어져 있는 자녀와 나의 중보기도 대상자에게도 시간과 공간을 초월하여 역사합니다.

> "내 말과 내 전도함이 설득력 있는 지혜의 말로 하지 아니하고 다만 성령의 나타나심과 능력으로 하여"(고전 2:4)

전도할 때 말로 하지 않고 성령의 능력으로 하라고 하였습니다. 즉, 전도할 때 능력이 나타나는데 이는 먼저 전도를 해야 능력이 나타나든지 말든지 하는 것입니다.

"예수께서 권능을 가장 많이 행하신 고을들이 회개하지 아니하므로 그 때에 책망하시되 화 있을 진저 고라신아 화 있을 진저 벳새다야 너희에게 행한 모든 권능을 두로 와 시돈에서 행하였더라면 그들이 벌써 베옷을 입고 재 에 앉아 회개하였으리라 내가 너희에게 이르노니 심판 날 에 두로와 시돈이 너희보다 견디기 쉬우리라"(마 11:20-21)

능력이 반드시 구원과 연관되어 있지 않고 능력을 경험하고도 회개치 않으면 버림받을 수 있습니다.

"오직 성령이 너희에게 임하시면 너희가 권능을 받고 예루살렘과 온 유대와 사마리아와 땅 끝까지 이르러 내 증인이 되리라 하시니라"(행 1:8)

"또한 우리를 위하여 기도하되 하나님이 전도할 문을 우리에게 열어 주사 그리스도의 비밀을 말하게 하시기를 구하라 내가 이 일 때문에 매임을 당하였노라"(골 4:3)

"아합이 먹고 마시러 올라가니라 엘리야가 갈멜 산 꼭대기로 올라가서 땅에 꿇어 엎드려 그의 얼굴을 무릎 사이에 넣고 그의 사환에게 이르되 올라가 바다 쪽을 바라보

라 그가 올라가 바라보고 말하되 아무것도 없나이다 이르되 일곱 번까지 다시 가라"(왕상 18:42-43)

능력의 은사는 포기하지 않는 기도에서 나타나고, 전도할 때 전도의 능력도 나타나는 것입니다. 이 능력이라는 것이 헬라어로 '두나미스'인데, 이 단어에서 '다이나마이트'가 나왔습니다. 파괴하고 억누르는 외적인 힘 보다는 변화시키고 재생산하는 내적인 능력을 의미합니다.

"예수께서 이르시되 할 수 있거든이 무슨 말이냐 믿는 자에게는 능히 하지 못할 일이 없느니라 하시니, 곧 그 아이의 아버지가 소리를 질러 이르되 내가 믿나이다 나의 믿음 없는 것을 도와 주소서 하더라. 예수께서 무리가 달려와 모이는 것을 보시고 그 더러운 귀신을 꾸짖어 이르시되 말 못하고 못 듣는 귀신아 내가 네게 명하노니 그 아이에게서 나오고 다시 들어가지 말라 하시매, 귀신이 소리 지르며 아이로 심히 경련을 일으키게 하고 나가니 그 아이가 죽은 것 같이 되어 많은 사람이 말하기를 죽었다 하나 예수께서 그 손을 잡아 일으키시니 이에 일어서니라. 집에 들어가시매 제자들이 조용히 묻자오되 우리는 어찌하여 능히 그 귀신을 쫓아내지 못하였나이까 이

르시되 기도 외에 다른 것으로는 이런 종류가 나갈 수 없느니라 하시니라"(막 9:23-29)

이 능력의 은사는 성령의 은사로서 처음부터 커다란 능력에서 오는 것이 아니라 작은 능력에서부터 오게 됩니다.

"우리는 이 일에 증인이요 하나님이 자기에게 순종하는 사람들에게 주신 성령도 그러하니라 하더라"(행 5:32)

이 능력의 은사를 성경의 완성 이후 사라졌다고 말하는 사람도 있습니다. 그러나 예수님은 본인의 능력을 보고 믿으라고도 하셨고, 우리는 그분처럼 능력을 행하게 되고 더 큰 능력도 행할 것이라 말씀하셨습니다.

"내가 아버지 안에 거하고 아버지께서 내 안에 계심을 믿으라 그렇지 못하겠거든 행하는 그 일로 말미암아 나를 믿으라"(요 14:11)

"나를 믿는 자는 나의 하는 일을 저도 할 것이요. 또한 이보다 더 큰 것도 하리라 하고"(요 14:12)

예언의 은사

/

6

말세에 성령을 받으면 예언을 합니다 (행 2:17-21) 성령으로 하는 좋은 예언들을 우리에게 주는 것은 중도에 좌절하거나 실망하는 자들에게 소망을 주고 용기를 주기 위함입니다.

반면, 성령의 역사로 말미암아 불길한 예언을 주기도 합니다. 그것은 이대로 놔두면 망할 수밖에 없음으로 인간을 망하지 않게 하기 위함입니다.

많은 사람들이 좋은 예언을 하면 기뻐하고, 힘을 내지만, 좋지 못한 예언이 올 때는 죽겠다 망하겠다, 실패 하겠다하여 자포자기 하고 낙심하다가 그대로 좋지 못한 일이 덮치는 것을 볼 때가 간혹 있습니다. 이 예언이 성령으로 한 것이라 할지라도 낙심할 게 아니라 그냥 하나님의 섭리가 실패하게 두려는 것이 아니라 거기서 빠져 나오게 하기 위함임을 알아야 합니다.

요나 선지자는 앗수르 (앗시리아)의 수도, 니느웨가 사십 일 이후에 멸망을 받으리라고 예언했습니다. 요나는 사십 일 후에 멸망 받을 것이라 그 이야기만 했지, 회개하면 살려주겠다, 돌아오면 살려주겠다고 말하지 않았습니다. 하나님께서 만일 니느웨가 바로 멸망 받기를 원하셨다면 그런 예언을 요나 선지자를 통해 말씀하지 않으시고 그냥 내버려두셨을 것입니다.

그렇기 때문에 하나님이 직접 주의 종을 통해서 직접 좋지 않은 예언을 했어도, 살릴 목적으로 예언을 하는 것입니다. 아무리 신령하다해도, 예언이 불길해도, 낙심하고 좌절하는 것이 아니라 기뻐해야 됩니다. 빨리 회개하고 돌아오면 되는 것입니다. 이 예언의 말씀은 곧 살리기 위해 미리 이야기하신 것입니다.

병상에서 다 죽게 된 히스기야에게 하나님은 이사야 선지자를 통해 네가 죽고 살지 못하리라, 빨리 유언을 하라는 예언의 말씀을 줍니다(사 38장). 그 소리를 듣고 히스기야 왕이 침상으로 들어가서 울며 기도했더니, 하나님이 그의 기도를 들으시고 '십 오년'을 더 살게 주셨습니다. 따라서 미래는 정해진 것이 아니라 열려 있는 것이며 어떤 예언도 확정된 미래가 아니라 오늘 현재의 나의 삶의 상태와 반응에 따라 다른 미래가 열리는 것입니다.

"주 여호와께서는 자기의 비밀을 그 종 선지자들에게 보이지 아니하시고는 결코 행하심이 없다"(암 3:7)

따라서 교회의 일어날 일들에 대해 하나님께서 목자에게 미리 보여주신다는 것도 알아야 합니다. 질서의 하나님은 질서 있게 일을 하시는 것입니다. 교회의 지도체계를 무너뜨리도록 특정 성도에게 성도들이 모여들어 그 성도에 의해 교회가 좌우지되게 하지 않으십니다. 교회의 지도자를 제외하고 예언과 능력이 왔다고 한다면 교회의 질서의 체계가 무너지고 혼돈이 오게 될 텐데, 하나님은 교회를 세우시는 분이시지, 혼돈을 주시며 교회를 무너뜨리는 분이 아니십니다. 따라서 잘못된 예언을 받은 것은 아닌지 분별하여야 합니다. 무엇보다도 교회의 덕을 세워야 하는 것입니다.

잘못된 예언은 보통 자기의 사심이 그 안에 들어가 있어 하나님의 말씀으로 가장하여 자기가 원하는 말을 하는 경우가 많습니다.

제가 캐나다, 토론토에 있을 때의 일입니다. 김밥 만드는 공장에서 함께 하루 종일 일하시던 한 목사님이 '하나님께서 내게 저 맞은편에 있는 큰 교회의 담임을 주겠다고 약속하셨다'고 말하는 것을 보고 크게 의아했던 적이 있었습니다. 결국 그 목사님은 그 교회의 담임이 되지 않았으니 사심이 들어간 잘못된 예언을 받았던 것이 분명합니다.

또한, 교회 반주자이셨던 한 전도사님께서 본인의 딸과 제가 결혼하기로 하나님이 정해주셨다며 제게 이야기하는 것입니다. 저는 그 어떤 것도 하나님께 듣지 못했는데 말입니다. 그것은 그 전도사님의 마음에 다른 사심을 가짐으로 하나님의 말씀을 가장한 본인의 사심이 나온 것입니다. 이렇게 욕심이 들어가면 처음에는 본인의 말이 나오지만 하나님의 말을 망령되이 사용하면 악한 영이 역사를 하게 됩니다.

따라서 예언은 사심이 없어야 합니다. 집사, 권사가 예언 기도를 하는데 사심이 있고, 자기 생각이 미리 자리를 잡고 예언을 하면서, 자신의 생각이 하나님이 뜻이 되길 바란다면, 하나님의 말씀이 임할 수가 없습니다.

그러므로 가짜 예언들이 얼마나 많은지 알 수 있습니다. 예전 한국의 대선 때, 이회창 후보가 대통령이 된다고 그렇게 많은 분들이 예언을 하였는데 결국에는 그 분이 당선되지 못했습니다. 지금 생각해 보건대, 그 예언이 그렇게 절대적으로 필요하고 중요했는가 하는 생각이 듭니다. 또한 그것이 과연 우리의 신앙생활과 어떤 관계가 있는지, 그것이 생명을 구하는 귀한 예언이었는지 묻고 싶습니다.

예언은 그릇을 비어야 되고, 그래서 두 세 사람이 하며, 분별하라고 하였습니다. 틀리는 경우가 있기 때문이고, 사심이 들어가는 경우가 많기 때문입니다. 정확한 예언은 선입견이 없어야 되고, 미리 가지고 있는 생각이 없어야, 악한 영이 장난을 치지 못합니다. 성경은 참 예언을 다음의 말씀으로 분별하고 있습니다.

"내가 고하라고 명하지 아니한 말을 어떤 선지자가 만일 방자히 내 이름으로 고하든지 다른 신들의 이름으로 말하면 그 선지자는 죽임을 당하리라 하셨느니라 네가 혹시 심중에 이르기를 그 말이 여호와의 이르신 말씀인지 우리가 어떻게 알리요 하리라 만일 선지자가 있어서 여호와의 이름으로 말한 일에 증험도 없고 성취함도 없으면 이는 여호와의 말씀하신 것이 아니요 그 선지자가 방자히 한 말이니 너는 그를 두려워 말지니라"(신명기 18:20-22)

증험이 없으면 이는 여호와의 말씀하신 것이 아니요, 그 사람이 방자히 한 말이므로 하나님께서는 그것을 두려워하지 말라 하셨습니다. 즉, 성취가 없는 예언은 가짜 예언이고 그것을 말한 자는 가짜 선지자 인 것입니다.

"평화를 예언하는 선지자는 그 예언자의 말이 응한 후에야 그는 진실로 여호와의 보내신 선지자로 알게 되리라"(렘 28:9)

따라서 하나님께로 온 말씀은 반드시 성취가 되어야 하며, 그 예언의 목적이 생명에 있다는 것을 알 수가 있습니다.

"나 여호와가 말하노라. 내 말이 불 같지 아니하냐. 반석을 쳐서 부스러뜨리는 방망이 같지 아니하냐. 나 여호와가 말하노라. 그러므로 보라. 서로 내 말을 도적질하는 선지자들을 내가 치리라. 나 여호와가 말하노라. 보라, 그들이 혀를 놀려 그가 말씀하셨다 하는 선지자들을 내가 치리라. 나 여호와가 말하노라. 보라, 거짓 몽사를 예언하여 이르며 거짓과 헛된 자만으로 내 백성을 미혹하게 하는 자를 내가 치리라. 내가 그들을 보내지 아니하였으며 명하지 아니하였나니 그들이 이 백성에게 아무 유익이 없느니라. 여호와의 말이니라"(렘 23:29-32)

"이 예언의 말씀을 읽고 듣고 지키는 자가 복이 있도다.."(계 1:3)

"꿈을 꾼 선지자는 꿈을 말할 것이요 내 말을 받은 자는 성실함으로 내 말을 말할 것이라 겨가 어찌 알곡과 같겠느냐"(렘 23:28)

이상과 같이 꿈을 이야기하는 자보다 말씀을 받은 자가 더 높은 차원임을 알 수가 있습니다. 꿈은 겨이고, 말씀은 알곡이라고 성경에서 말하고 있습니다. 이 성경 말씀은 이미 예언된 말씀입니다. 그래서 성경 중심으로 살면 벌써 예언대로 사는 사람이 되는 것입니다.

지금 여의도 순복음 교회 담임목사님이신 이영훈 목사님이 예전에 쓰신 책 "펜사콜라 기적의 현장 브라운스빌 교회"를 보면, 조용기 목사님이 펜사콜라에 큰 부흥이 있을 것이라고 예언했던 장면이 나옵니다. 그러나 그 예언을 루머나 뜬소문으로 받은 사람에게는 아무런 역사가 나타나지 않았지만, 그 말씀을 하나님의 말씀으로 받은 브라운스 빌 '하나님의 성회 교회'의 존 길 패트릭 목사님이 엎드려 기도하다 성령님의 음성을 듣고 주일 저녁예배를 기도회로 바꾸고 매 주일 저녁 부흥을 위한 기도 시간을 가졌다고 합니다. 그리고 거의 3년을 기도하였는데, 한 주도 빠짐없이 잃어버린 영혼들, 정치 지도자들, 교회와 교단 지도자들, 학교의 교사와 직언들을 위해 간절히 기도했습니다. 그리고 '스카이라인 웨슬리안 교회(Skyline Wesleyan church)'의 짐 갤로우(Jim Garlow) 목사님이 펜사콜라의 부흥에 대해서 다음과 같이 예언을 했습니다. "너는 지난 백년동안 성취한 것보다 앞으로 36개월 동안 더 많은 것을 이룰 것이다." 그 기도회가 화요기도회로 발전되고 매주 화요일 오후 7시부터 2시간 동안 오직 기도만 집중적으로 하게 되었습니다. 이 교회는 길 패트릭 목사님이 너무 부흥만을 강조한다고 30여명이 떠났지만, 그 이후 놀라운 부흥이 일어나 매일 밤 성전이 수용할 있는 사람의 두 배 인원이 모여 부흥집회를 드리기 시작 한 것입니다.[2] 예언이란 받는 자의 자세도 중요합니다. 데살로니가 교인들은 사도바울의 말씀을 하나님의 말씀으로 받았습니다.

"너희가 우리에게 들은 바 하나님을 말씀을 받을때에 사람의 말로 받지 안하고 하나님의 말씀으로 받음이니 진실로 그러하도다 이 말씀이 또한 너희 믿는 자 가운데에서 역사하느니라"(살전 2:13)

앗수르의 왕은 나라가 망한다는 요나의 예언을 듣고 회개 기도하여 나라를 구원했습니다. 즉, 좋은 예언도 나의 말씀으로 받을 때 그것이 성취가 되는 것이고, 나쁜 예언을 받았다 해도 회개하고 돌아서면 나쁜 일이 미치지 못하는 것이다. 아이를 낳지 못했던 한나는 이미 버림받은 엘리 제사장의 말을 아멘으로 받고 믿음으로 화답할 때 그 축복의 말이 응답되어 아이를 갖게 된 것입니다.

따라서 이 예언의 말씀은 사람과 공동체 나라를 살리는 말씀이 되어야 하는 것입니다.

영분별의 은사

/

7

앞서 언급했듯이, 예언은 하나님의 말씀에 기초하고 있지만 이것을 분별하는 것이 필요한 이유는 거짓 예언, 거짓 선지자들이 있기 때문입니다.

예언의 은사가 임하였으면, 반드시 분별의 은사를 구해서 분별함을 얻어야 합니다.

위 은사들을 다시 정리해보면, 지혜와 지식의 은사는 말씀을 사모하고 읽고 구하면서 얻어지는 은사요, 이 말씀을 듣고, 쓰고, 상고하면서 믿음의 은사가 생기고, 믿음이 생기면 믿음으로 신유의 은사와 능력의 은사가 나타납니다. 하나님의 말씀에 능력이 나타나면, 그 능력이 시간을 넘어서게 되는데 그것이 바로 예언의 은사이며, 그 예언의 분별함이 영분별의 은사라 할 수 있겠습니다.

"사랑하는 자들아 영을 다 믿지 말고 오직 영들이 하나님께 속하였으나 시험하라 많은 거짓선지자가 세상에 나왔음이니라. 하나님의 영은 이것으로 알지니 곧 예수 그리스도께서 육체로 오신 것을 시인하는 영마다 하나님께 속한 것이요. 예수를 시인하지 아니하는 영마다 하나님께 속한 것이 아니니 이것이 곧 적그리스도의 영이니라"(요일 4:1-3)

거짓 영의 종류는 '거짓의 영'(거짓말), '분열의 영'(이간질), '낙심의 영'(사람을 위하는 것처럼 이야기 하지만 궁극적으로 낙심하게 함), '실족의 영'(유익되지 못하는 이야기를 전하여 봉사 하던 사람을 봉사를 안 하도록 유도함)이 있습니다.

고전 13장을 흔히 '사랑' 장이라고 합니다. 사랑 장의 마지막 절에는 '불의를 기뻐하지 말라'고 강조하였습니다. '영분별'은 불의를 보고도 순응하고, 비겁하게 침묵하고, 암묵적으로 동의하여, 소극적인 태도로 피해자를 방치하면 그 자는 예언의 영도, 분별의 영도 임할 수 없는 것입니다. 그 역시 또 하나의 가해자가 되는 것이며, 직접적인 가해자를 묵인함으로 그 가해자의 양식에 정당성을 부여하게 하는 공범이라 말할 수 있을 것입니다. 이는 공의도, 사랑도 아닌 죄악인 것이요, 분별함은 이런 것을 말할 수 있는 용기와 담대함에서 나오는 것입니다.

고전 12장 10절에 나오는 말씀을 '킹 제임스 성경(The King

James Version, KJV)'은 '영들 분별함'이라고 번역했고, '새 국제판 성경*(New international Version, NIV)*'은 '영들 사이에 구별함'이라 번역했습니다. 그것은 원어 적으로 영분별이 귀신과 같은 보이지 않는 것을 볼 수 있는 능력이 아니라, 선악을 분별하고 (히5:14), 판단하는 능력임을 말하는 것입니다. 즉, 영분별의 시작은 공의를 세우는 것입니다.

'영분별'에 대한 원어가 쓰인 예를 찾아보면 다음과 같습니다.

"내가 너희를 부끄럽게 하려 하여 이 말을 하노니 너희 가운데 그 형제간의 일을 판단할 만한 지혜 있는 자가 이같이 하나도 없느냐"(고전6:5)

"우리가 우리를 살폈으면 판단을 받지 아니하려니와"(고전11:31)

예언하는 자는 둘이나 셋이나 말하고 다른 이들은 분별할 것이요(고전14:29), 예언을 듣는 사람들은 반드시 그 예언에 대해 식별해야 합니다(고전14:29).

영분별의 은사는 무엇이 영적으로 악한 것인지를 단순히 인식하는 것 뿐 아니라, 또한 영적으로 선한 것이 무엇인지를 인식하는 것입니다. 분별력 혹은 영을 판단하는 능력은 교회의 몸을 통해 매우 분명하게 있어야 합니다.

방언은 통역의 은사와 짝을 이루고, 지혜와 지식은 믿음과 짝을 이루고, 믿음은 신유와 능력과 짝을 이루는 것처럼, 예언의 능력은 영분별과 짝을 이룹니다.

영분별의 가장 기본적인 것이 선악의 분별인데, 이는 공의를 세움에서 시작되어지고, 어린아이의 신앙이 아니라면 선악을 분별해야 한다고 했습니다(히 5:14).

귀신도 예수를 알아보고 그리스도께 사로잡힌 자들을 알아보는 것처럼(막 5:7, 행 16:17) 악한 자도 귀신도 선악을 구별할 수 있습니다. 따라서 이는 머리로 아는 것을 의미하지 않고 그것을 행함으로 실천해 내는 것을 말합니다. 영분별은 선과 악을 알고 그것을 행함으로 나타내야 합니다. 악은 멀리하고 선을 행하는 것입니다.

"악한 사람들과 속이는 자들은 더욱 악하여져서 속이기도 하고 속기도 하나니"(딤후 3:13)

사탄은 처음부터 거짓말쟁이요, 속이는 자이기 때문에 속이는 자에게 분별의 영이 임할 수 없고, 거짓 눈을 가리는 시작이 되는 것입니다.

> "이것이 이상한 일이 아니니라 사탄도 자기를 광명의 천사로 가장하나니 그러므로 사탄의 일꾼들도 자기를 의의 일꾼으로 가장하는 것이 또한 대단한 일이 아니니라. 그들의 마지막은 그 행위대로 되리라"(고후 11:14-15)

자기 자신을 있는 그대로 나타내지 못하고, 과장하거나 꾸미는 것 역시 사탄의 속성인 것을 알아야 할 것입니다.

영은 크게 교회 내에서는 '위장의 영'이 있고, 교회 밖에서는 드러내놓은 전혀 다른 영, '이리의 영', '거짓의 영'들이 있습니다. 사람들은 영적인 세계에 점점 관심을 많이 가져 전 세계적으로 영매들이 많아지고 있고, 점집이 현대화되어 타로카페부터 기수련, 마음수련, 요가, 손금, 오늘의 운세, 신 내림, 굿, 부적, 최면, 뉴 에이지 등 이루 말할 수 없는 다양한 모습으로 이러한 거짓 영들이 판을 치고 있는 실정입니다.

성경은 어떤 형태로든 악한 영들에게 종사하는 사람들과도 거래하는 것이 금지하고 있습니다(신 18:10-14). 이러한 거짓 가르침은 '귀신의 가르침'이라고 말하고 있습니다(딤전 4:1).

악한 영의 목적은 '속이고 죽이는 것'입니다. 성경은 이것을 "우리의 씨름은 혈과 육에 대한 것이 아니요 통치자들과 권세와 이 어두움의 세상 주관자들과 하늘에 있는 악의 영들에게 상대함이라"(엡 6:12)고 말하고 있으며, "그는 처음부터 살인한 자요 진리가 그 속에 없으므로 진리에 서지 못하고 거짓을 말할 때마다 제 것으로 말하나니 이는 그가 거짓말쟁이요 거짓의 아비가 되었음이라"(요 8:44)라고 말하고 있습니다.

"성령을 소멸하지 말며 예언을 멸시하지 말고 범사에 헤아려 좋은 것을 취하고 악은 어떤 모양이라도 버리라"
(살전 5:19-22)

성령도 분별하고 예언도 분별하고 그러기 위해서 좋은 것을 선택하고 무엇보다 악을 버려야하는 것입니다. 악한 말, 악한 생각, 악한 의도, 악한 행위, 또한 악한 일에 대한 분명한 자기의 목소리와 저항이 영분별의 시작이 되는 것입니다.

"누구든지 이 교훈을 가지지 않고 너희에게 나아가거든 그를 집에 들이지도 말고 인사도 하지 말라"(요한2서 1:10)

교회 밖의 '거짓의 영'에 대해서 우리가 함께 하지 말아야 할 이유는 여러 가지가 있습니다.

바울은 구브로 섬에서 엘루마라고 하는 박수를 꾸짖었고, 그 엘루마는 얼마동안 눈이 멀게 되었습니다(행 13:10-11).

빌립보에서 점하는 귀신들린 여종 하나가 있었는데, 그녀는 점으로 그 주인에게 많은 돈을 벌어다 주는 자였습니다. 이 귀신들린 자가 바울을 여러 날 따라다니면서 괴롭게 하자 바울은 그녀에게 붙은 귀신을 예수님의 이름으로 쫓아버렸습니다(행16:16-22).

베드로는 아나니아와 삽비라의 거짓을 꿰뚫어 봄으로 알았습니다(행5:1-10). 그들이 자신의 재물을 따로 떼어 놓고 하나님의 눈을 속인 것을 책망하였고, 그들은 성령을 속였으므로 결국 죽게 되었습니다. 이는 베드로, 그가 먼저 하나님을 속인 적이 없어야 하며, 그것이 옳지 못하다는 인식을 해야 가능한 것입니다.

시몬이 돈을 주고 성령의 권능을 돈으로 사려 할 때, 베드로가 시몬의 마음속에 악함이 가득 차 있음을 분별하고 책망을 했습니다(행 8:20-23). 이 역시 재물에 대해서 깨끗하고, 사심이 없을 때 이 은사가 그에게 임하고 그것을 대언하는 담대함 속에 영분별의 은사가 충만히 임하게 되는 것입니다.

영분별의 은사는 불의를 따르지 않게 하는 데 있으며, 불의한 데서 출발하는 모든 속임과 능력, 이적과 기적은 구원함이 없는 것입니다(살후2:9-12).

그리스도께서 나다나엘을 알아보셨던 것처럼(요 1:47), 영분별의 은사는 어떤 사람 안에 있는 선한 영을 분별하는 데 사용되기도 합니다. 이는 내 안에 먼저 말씀을 사모함이 있을 때 그 사모함을 볼 수 있으며, 그보다 더 나은 단계에서 그 모습을 볼 수 있는 것입니다.

영분별의 은사는 말 그대로 영적인 분별이기에 성령에 충만한 상태여야 가능한 것이며, 이 충만함이 분별을 요하는 이보다 더 높은 단계에 있어야만 가능한 것입니다. 그것이 음성이든 환상이든 모든 분별함은 성경에 기초하기 때문에 성경의 올바른 해석과 공의가운데 이뤄져야 하는 판단이며 분별인 것입니다.

영분별의 마지막 단계는 그 말의 성취함(신 18:22)과 그 영의 열매를 통해서 알 수가 있습니다(마 12:33).

방언의 은사

8

고린도전서 12장을 보면 성령의 은사들에 대해 소개하고 있습니다. 하나님은 우리가 회개하여 예수 그리스도 이름으로 죄 사함을 받고 세례를 받기만 하면 성령을 선물로 주십니다(행 2:38). 이러한 성령의 아홉 가지 은사는 크게 세 가지로 구분 할 수 있습니다.

첫째, '무발성 은사'(소리가 나지 않는 은사)입니다. 지혜의 은사, 지식의 은사, 믿음의 은사가 이에 해당됩니다.

둘째, '발성 은사'가 있습니다. 예언의 은사, 방언의 은사, 통변의 은사입니다.

셋째, '능력 은사'가 있습니다. 신유의 은사, 영분별의 은사, 능력의 은사가 이에 해당됩니다.

이렇듯 아홉 가지 성령의 은사는 '무발성 은사', '발성 은사',

'능력 은사' 이 세 가지로 나누어 볼 수 있습니다.

은사의 순서로는 첫째 은사가 '말씀의 지혜'입니다. 모든 신앙 행위는 말씀에 기초해야하고 말씀이 최고라는 것입니다. 말씀의 지혜의 은사는 특히, 말씀을 전해야 하는 목사와 전도사에게 매우 필요한 은사입니다. 모든 교역자들은 말씀을 전하는 것이 생명이기에 '말씀의 지혜' 은사를 받아야 합니다. 그러나 모두가 이 은사를 받는다면 말씀을 들을 사람들이 없고 기능적 문제가 생기기에 이 은사의 인도함을 받아 다른 은사들이 함께 사역을 하게 됩니다.

방언은 원어로 '혀(tongue)'라는 뜻입니다. '믿는 사람에게 이런 표적이 따르리니 새 방언을 말하며'(막 16:17)는 '새 혀'를 말하는 것입니다. '거기 모였던 무리들이 다른 방언으로 말하더라'(행 2:1). '믿는 자에게는 이런 표적이 따르리니 새 방언을 말한다'는 말씀을 예수님이 직접 하셨기에 믿는 사람이라면 모두 새 혀로 말해야 하는 것입니다.

사랑의 원자탄이라 불렸던 손양원 목사님, 일제 강점기 순교했던 주기철 목사님 같은 순교자도 그 기록에 의하면 방언을 한 일이 없다고 합니다. 또한 영락교회 한경직 목사님도 우리가 소위 이해하는 음으로 하는 방언을 하지 않았다고 합니다.

따라서 방언은 음으로 나와야만 방언이 아닙니다. '랄랄라' 등의 여러 가지 음으로 나타나는 것만이 아니라, 앞서 말한 대로 원뜻대로 '새 혀', '다른 혀'라는 말로써 그의 언어적 세계가 완전히 바뀌는 것을 의미합니다. 물론 음역적인 부분도 나타나고 있습니다. 그래서 서로 소통이 되기도 하는 것입니다.

방언은 한 가지가 아니라, 여러 가지 형태의 방언이 있을 수 있습니다.

음으로 나타나는 음역 방언도 여러 가지인데, 하나님께 향하는 하는 방언을 '대신 방언', 사람에게 하는 방언을 '인조 방언'이라 하며, 악한 영으로부터 받은 방언은 '사탄 방언'이라고 정의할 수 있습니다. 또한 방언은 꼭 소리로만 나타나는 것이 아니라, '방언 글씨'도 있으며, 짐승의 소리로 전해지는 '짐승 방언'도 있습니다.

하나님께로부터 받은 방언도 두 가지로 나눌 수 있는데, 하나님께 하는 '대신 방언 즉, 기도 방언'이 있고 사람에게 하는 '대인 방언'이 있습니다. 이러한 것들을 다루기 전에, 믿는 자들에게 나타나야 하는 새 방언(새 혀), 다른 방언(다른 혀)에 대해서 좀 더 알아보고 난 이후에 좀 더 구체적으로 살펴보고자 합니다.

"믿는 자에게 이런 표적이 따르리니 새 혀(방언)로 말하며"(막 16:17)

예수님은 입에서 나온 것은 마음에서 나온다고 말씀하셨습니다.

"입에서 나오는 것들은 마음에서 나오나니 이것이야 말

로 사람을 더럽게 하느니라"(마 15:18)

그러므로 악담 저주, 욕, 음담패설은 사람을 더럽게 하는 것입니다.

"나는 너희에게 이르노니 형제에게 노하는 자마다 심판을 받게 되고 형제를 대하여 라가라 하는 자는 공회에 잡혀가게 되고 미련한 놈이라 하는 자는 지옥 불에 들어가게 되리라"(마 5:22)

즉, 혀는 '구원받는 징표'가 됩니다.

"사람이 마음으로 믿어 의에 이르고 입으로 시인하여 구원에 이르느니라"(롬 10:10)

입으로 어떤 말이 나오느냐는 내 마음에 무엇이 있느냐를 증명하며, 따라서 입으로 구원도 받고, 저주도 받습니다.

"교만이 오면 욕도 오거니와 겸손한 자에게는 지혜가 있느니라"(잠 11:2)

욕을 하는 자는 일단 성경적으로는 교만한 자요, 형제에게 욕하는 자는 지옥에 간다고 예수님께서 말씀하셨습니다.

"교만은 패망의 선봉이요 거만한 마음은 넘어짐의 앞잡이니라"(잠 16:18)

욕뿐만 아니라 부정적인 말도 예수님의 책망을 받습니다.

"할 수 있거든 이 무슨 말이냐 믿는 자에게는 능히 하지 못할 일이 없느니라 하시니"(막 9:23)

이상과 같이 '방언'의 원뜻으로 풀어본 '새 혀', '다른 혀'에 대해서 살펴보았습니다.

하나님을 진실로 믿는 사람이라면 욕은 물론이거니와 그 입술에 부정적인 언어도 사라져야할 것입니다. 이사야도 스스로를 '입술이 부정한 자'라고 하였다. 그리고 그 입의 부정이 사라진 이후에 주님께 쓰임 받는 선지자가 되었습니다.

"그 때에 내가 말하되 화로다 나여 망하게 되었도다. 나는 입술이 부정한 사람이요 나는 입술이 부정한 백성 중에 거주하면서 만군의 여호와이신 왕을 뵈었음이로다 하

> 였더라. 그때에 그 스랍중의 하나가 부젓가락으로 제단에서 집은 바 핀 숯을 손에 가지고 내게로 날아와서 그것을 내 입술에 대며 이르되 네 악이 제하여졌고 네 죄가 사하여졌느니라 하더라. 내가 또 주의 목소리를 들으니 주께서 이르시되 내가 누구를 보내며 누가 우리를 위하여 갈 꼬 하시니 그때에 내가 이르되 내가 여기 있나이다 나를 보내소서 하였더니"(사 6:5-8)

부정한 입술이 숯불에 지져 정해진 후에 그는 '내가 여기 있사오니 나를 보내소서'라고 적극적으로, 긍정적으로, 아멘으로 그의 입술로 화답했습니다.

모세는 하나님의 명령에 다섯 번이나 불순종하였고, 못하겠다고 거절하는 말을 합니다. 그러자 하나님이 그에게 노하시는 것을 볼 수 있습니다. 성령의 거듭남은 '할 수 있다'는 긍정적인 입술의 고백으로 변화함으로써 그의 증표가 나타납니다.

인류가 하나님과 같아지려다가 언어의 저주를 받았으나, 오순절 날 그들이 다시 성령을 받을 때에는 각 사람의 머리 위에 '불이 혀'같이 갈라지는 모습으로 나타났다고 되어있습니다. 이는 상징하는 바가 큽니다.

성경은 욕하고, 부정적인 입술은 지옥에 간다고 하였고, 거짓말하고 뒤에서 후욕하고 모욕하는 자도 하나님의 나라를 유업으로 받지 못한다고 하였습니다.

> "도적이나 탐욕을 부리는 자나 술 취하는 자나 모욕(후욕)하는 자나 속여 빼앗는 자들은 하나님의 나라를 유업으로 받지 못하리라"(고전 6:10)

> "거짓말하는 모든 자들은 불과 유황으로 타는 못에 던져지리니 이것이 둘째 사망이라"(계 21:8)

최근 들어 교인들은 소리만 달라지면 방언인줄 알고 있으나 이는 성경이 말하는 '참 방언'을 크게 왜곡하는 것입니다. 겉으로는 음으로 '랄랄라' 소리를 내는데, 반면에 거짓말하고, 이간질하고, 욕함으로 속은 달라지지 않았기 때문에 혹 그가 그렇게 음으로 방언을 한다 해도 그것은 진짜 방언이 아니라 '가짜 방언'임을 알 수가 있는 것입니다.

성령의 역사로 이루어지는 방언은 속, 즉 내면이 변화해야 합니다. 마음은 하나도 변하지 않고, 여전히 이간질하고, 남을 흉보고, 말썽을 일으키고, 혼자 성령을 받았다고 '랄라라' 소리를 내면 그것이 어떻게 진짜 방언이라고 할 수 있겠습니까?

교회를 분열시키고 다툼을 일으키면 사탄의 방언이요, 자신만을 위하면 자기 스스로 만들어낸 인조 방언인 것입니다. 그러나 그 입에서 하나님의 은혜와 하나님 말씀만이 나온다면, 그 자체를 어떻게 '새 혀'라고 말하지 못하겠으며, 그것이야 말로 '천사의 혀'라고 말하지 않겠습니까? 천사의 방언을 하며 언어가 바뀐다면 이것이야 말로 진정한 방언이라 할 수 있겠습니다.

방언은 '음' 이전에 '질'이 달라져야 합니다. 따라서 지혜와 지식의 은사가 임하려면 하나님의 말씀 성경을 읽어야 하고, 믿음이 생기려면 지속적으로 들어야하며, 신유가 임하려면 믿음이 있어야 하며, 능력도 믿음과 기도 그리고 전도함으로 능력이 생기며, 영분별은 바른 공의에 대해서 분별하고 말해야하며, 방언은 혀의 구별로서 오게 되는 것입니다. 이것을 읽는 순간부터 나의 혀를 '아멘의 혀'로, '축복과 사랑의 혀'로 바꿔야 하며, 욕과 저주, 비방을 금해야 할 것입니다.

모든 것에는 목적이 있는데, 방언도 목적이 있습니다. 방언을 말하는 자는 자기에게 덕을 세우고, 예언을 하는 자는 교회에 덕을 세운다고 말합니다(고전 14:4-5).

방언을 말하는 것은 자기 마음이 달라지고, 언어가 바뀌니 자기에게 덕을 세우는 것이고, 예언을 하는 자는 하나님의 말씀과 계시를 전함으로 교회의 덕을 세우는 것입니다.

어떤 은사든지 은사를 주시는 것은 반드시 나와 남의 유익을 위한 것입니다. 그런데 나와 다른 사람, 그리고 교회에 손해를 입히는 것은 완전히 잘못된 것임을 알아야 합니다.

> "각 사람에게 성령을 나타내심은 유익하게 하려 하심이라"(고전 12:7)

말썽을 일으키고, 분쟁을 일으키고, 교회가 소란하면 이건 진짜 은사가 아니라 가짜은사입니다. 영분별을 못해도 성경만 바로 알면 가짜인지 진짜인지 바로 알 수가 있습니다.

하루 종일 방언을 하고 돌아서서 저주하고, 짜증내고, 이것을 어떻게 우리가 성령으로부터 왔다고 할 수 있겠습니까? 자기만 방언을 받았다고 하면서 목사와 장로가 방언을 못 받았다고 정죄하고 판단하는 것 역시 진짜 은사라고 할 수 없습니다. 곡식보다 잡초가 무성하듯 그건 곡식이 아니라 가짜입니다.

하나님은 어지러움이 아니라 화평이시라 하였기에, 화평케 하여야하며(고전 14:33), 절제도 하나의 열매(갈 5:23)이기 때문에 절제가 안 되는 것 역시 성령의 열매가 없기에 이는 악한 영의 역사입니다.

성령은 살인강도같이 날뛰는 깡패 같은 영이 아니라 인격적인 영이십니다. 남에게 덕이 되지 않는 것은 절대 하지 않아야 되는 것입니다. 방언 한다, 예언한다고 하면서 교회 분란을 일으키고 이간질하는 것은 백 퍼센트 그 속에 악한 영이 역사하는 것입니다.

"우상 숭배와 주술과 원수 맺는 것과 분쟁과 시기와 분냄과 당 짓는 것과 분열함과 이단과 투기와 술 취함과 방탕함과 또 그와 같은 것들이라 전에 너희에게 경계한 것 같이 경계하노니 이런 일을 하는 자들은 하나님의 나라를 유업으로 받지 못할 것이요"(갈 5:21)

악한 영은 교회 안에서 성령을 가장하고 날 뛰어 분열을 일으키고, 당을 짓고, 그래서 궁극에는 교회를 파멸케 하는 것을 궁극 목적으로 삼습니다.

"도둑이 오는 것은 도둑질 하고 죽이고 멸망 시키려는 것 뿐이요 내가 온 것은 양으로 생명을 얻게 하고 더 풍성히 얻게 하려는 것이라"(요 10:10)

영분별의 은사를 따로 받지 않아도 말씀은 거울과 같아서 말씀으로 바로 분별할 수 있습니다. 모든 성령의 역사는 피와 같기 때문에 살 속에 즉, 말씀 안에서만 역사하는 것이지 그것에 이탈하면 다 가짜인 것입니다.

"방언 말하기를 금하지 말라 모든 것을 품위 있게 하고 질서 있게 하라"(고전 14:39-40)

따라서 방언을 하는 사람은 방언을 금하면 안 되며, 또한 성령의 방언은 이를 절제할 수 있으므로, 이것이 절제가 안 되는 것은 벌써 악한 영에게 속임을 당한 것이라 할 수 있습니다. 막 뛰다가도 예배시간이 되었으니 절제하시라 하면 바로 절제해야 되는데, 절제하라 하면 더 뛰고 더 부르짖고 난리를 치면서 나중에는 자신 외에는 모두 영적이지 못한 사람들이라 치부하고 정죄하면서 스스로를 성령의 능력을 가졌다고 명명하는 사람이라면 성경을 다시 읽어야 합니다. 그런 말은 성경에 없기 때문입니다.

방언에는 또 '은혜 방언'과 '은사 방언'이 있는데 은혜 방언은 성령을 받으면 보편적으로 자연발생적으로 일시적으로 나오는 것이고, 은사 방언은 특별히 영적 사명이 주어질 때 나오는 것으로 기도하는 능력을 더해 줍니다.

'사탄 방언' 역시 순전히 자기 힘으로 하는 게 아니기 때문에 쉬지 않고 할 수 있지만, 이는 영적으로 민감한 자들은 듣기에도 섬뜩 하고 거부감을 주며, 무엇보다 그의 언어가 전혀 '새 혀'라고 느낄 수 없으며, 매사가 부정적이고, 비판적이고, 공격적이며, 우울합니다.

'인조 방언'이 있는데 이것은 인간의 욕심으로 만든 방언입니다. 이것은 마귀역사라 말할 수 없고, 그렇다고 성령의 역사도 아니고, 이건 자기 욕심으로, 호기심으로, 무의식으로, 또는 의식적으로 만들어 내는 것입니다. 학습 방언의 100퍼센트가 가짜라고 해도 과언이 아닐 것입니다.

따라서 '방언 학교', '예언 학교'는 그 말 자체가 어불성설이라 하겠습니다. 성경의 어디에도 방언을 연습해서 할 수 있다고 나온 곳이 없습니다. 성령님께서 주시는 은사를 사람의 훈련과 연습 또는 돈으로 얻을 수는 없기 때문입니다.

방언을 배운다, 혀에 힘을 빼라, '주여'를 빨리 말해라, '할렐루야'를 빨리 말해라, 이런 말들은 모순적이지 않습니까? 이것이 바로 인조 방언이자, 성령의 은사를 조장하는 것입니다. 호기심으로, 잘못된 욕심으로 하는 것입니다. 이걸 이용해서 방언이 터졌다, 누가 터트려 주었다, 배웠다고 말하면 안됩니다. 방언은 기술이 아니라, 말 그대로 하늘로부터, 성령으로부터 내려오는 것으로 나의 혀를 변화시키는 하늘의 선물인 것입니다.

'은혜 방언'은 성령을 받으면 성령의 역사에 의해서 자연 발생적으로 나오는 것입니다. 하나님께서 내 속에서 기도하는데 겉에 혀를 사로잡아서 한국말로 나오지 않게 하고 무슨 말인지 알 수 없게 나오게 합니다. 그런 방언이 나올 정도면, 성령이 충만 하고, 깊은 기도의 단계에서 열리는 현상으로 옆에 누가 있는지도 모르고, 성령께서 그 혀를 주장하여 하늘의 비밀과 내 안의 비밀을 하나님께 고하는 것입니다.

성령의 역사는 겸손한 데로 흘러가는데 회개할 때, 성령을 사모할 때, 성령을 구할 때 나타나는 것이고, 그것이 진정 하늘로서 온 것이라면 언어의 회복, 공감과 소통의 회복이 일어나게 되는 것입니다.

방언 통역의 은사

/

9

　방언은 성령의 은사이기 때문에 성령이 임함으로, 성령으로 새롭게 거듭난 상태를 말하기 때문에 새 사람이 된 이후에 나오는 것이 진짜 방언입니다(고후 5:17). 옛 사람이 아니고 달라진 사람이기 때문에 다른 혀로 말하는 것이고, 새로워진 사람이기에 '새 혀'로 말하는 것입니다.

　보통 때는 남 이간질하고, 흉보고 싶고, 욕하고 싶고, 본인이 본인 스스로 자기 상태를 알기 때문에 왜 욕이 나가나, 저주가 나가나, 미운 생각이 날 때는 음으로 하는 방언 기도를 곧바로 멈추고, 먼저 회개 기도를 해야 합니다.

　이제 방언 통역에 대하여 살펴봅시다.
　하나님께 기도로 방언하는데 무슨 뜻인지도 모르고 기도하면서 마음으로 기도하고 겉으로 성령이 사로잡아 음이 달라지는 게 방언입니다. 그러나 그런 경우 이것이 성령으로부터 온 것인지, 악한 영으로부터 온 것인지 구분 할 수가 없는 경우가 있습니다. 이것을 분별하지 않고 방언으로 새벽까지 계속 쉬지 않고 기도를 했다고 하면 시간낭비 뿐만 아니라, 그만큼 지옥에 가까이 갔다고도 할 수 있습니다.

> "그러므로 방언을 말하는 자는 통역하기를 기도할지니 내가 만일 방언으로 기도하면 나의 영이 기도하거니와 나의 마음은 열매를 맺지 못하리라 그러면 어떻게 할까 내가 영으로 기도하고 또 마음으로 기도하며 내가 영으로 찬송하고 또 마음으로 찬송하리라 그렇지 아니하면 네가 영으로 축복할 때에 알지 못하는 처지에 있는 자가 네가 무슨 말을 하는지 알지 못하고 네 감사에 어찌 아멘 하리요"(고전 14:13-16)

방언은 마음으로 그 내용을 인지하면서 할 수도 있고, 그렇지 않을 수도 있지만 그렇게 하도록 해야 한다는 것입니다. 그래서 그 내용을 이해해야 그 기도를 받는 사람이 '아멘'으로 화답할 수 있는 것입니다.

내가 방언 기도를 열심히 하고 있는데, 옆에서 어떤 사람이 '통역의 은사'를 받았다 하면서 통역을 해주겠다고 하면 이는 성경적이지 않습니다. 이는 가짜임을 알아야 합니다. 이런 사람은 정말 조심해야 합니다. 방언의 통역은 사람에게 하는 '설교 방언'만 통역이 필요한 것이지, 하나님 앞에 기도하는 방언은 기도하는 자신 외에 그 누구도 통역을 할 수가 없다고 성경은 분명히 말하고 있습니다. 왜 남의 기도를 들으려하는지 알 수 없는 일입니다. 그러나 그것이 하나님을 향한 것이 아니라 사람을 향하였을 때는 듣는 청중이 사람이기에 그것을 알아듣기 위한 통역이 필요했던 것입니다. 이는 장로교 대신 측 총회장 출신이신 최복규 목사님이나 대천덕 신부님도 같은 맥락에서 이해하고 있습니다.

그럼 왜 방언으로 기도해야 합니까? 방언기도는 영적인 기도이기에, 옆에 누가 있는지도 모르는 깊은 영적 상태에서 자기의 비밀을 하나님께 고할 때 유용하게 사용됩니다. 하나님 외에는 알아듣는 자가 있을 때 방언으로 기도하여 자기에게 유익을 세우는 것입니다.

"그들이 다 성령의 충만함을 받고 성령이 말하게 하심을 따라 다른 언어들로 말하기를 시작하니라"(행 2:4)

이는 성령께서 교회에 유익과 덕을 세우기 위해 은사를 주시는데, 비밀로 하는 회개 기도가 덕이 되지 못할 때, 남이 들으면 안

될 때, 방언으로 알아듣지 못하게 비밀로 기도하는 것입니다.

> "방언을 말하는 자는 사람에게 하지 아니하고 하나님께 하나니 이는 알아듣는 자가 없고 영으로 비밀을 말함이라"(고전 14:2)

방언이 사람에게 하는 방언이 있고 하나님께 하는 방언이 있는데 여기 나오는 방언은 하나님께 하는 방언입니다. 즉, '기도 방언'을 말하는 것이다. 이는 알아듣는 자가 없다고 했으니, 이 방언 기도를 알아듣고 통역해 준다는 분은 성경적으로는 잘 못 되었다고 할 수 있겠습니다. 또, 방언은 영으로 비밀을 말한다 했으니, 방언으로 기도하는 이유는 비밀을 기도하기 위함입니다.

그럼 방언 통역은 무엇입니까? 그것은 먼저 자기 자신에게 하는 통역입니다. 본래 방언 기도는 본인도 모르는 경우가 있습니다.

"내가 만일 방언으로 기도하면 나의 영이 기도하거니와 나의 마음은 열매를 맺지 못하리라 그러면 어떻게 할까 내가 영으로 기도하고 또 마음으로 기도하며 내가 영으로 찬송하고 또 마음으로 찬송하리라"(고전 14:15). 방언은 영이 기도하는 것인데 마음이 무슨 뜻인지 알지 못해 열매를 맺지 못하는 것입니다. 그래서 방언을 하는 자는 영과 마음이 함께 하나로 기도하기 위하여 방언을 말하는 자는 통역하기를 기도하라고 하였습니다(고전 14:13).

본인에게 하는 통역 외에 또 다른 방언 통역은 기도방언이 아니라 사람에게 하는 설교 방언을 말하는 것입니다.

사도바울은 방언은 개인의 덕을 세우고, 예언은 교회의 덕을 세운다고 했는데(고전 14:4), 방언도 교회에서 통역할 경우 교회의 덕을 세운다고 했습니다(고전 14:5).

"...방언을 말하는 자가 통역하여 교회의 덕을 세우지 아니하면 예언하는 자만 못하니라"(고전 14:5). 즉, 이 방언은 사람들에게 전하는 '설교 방언'을 말하는 것입니다.

> "그런즉 형제들아 내가 너희에게 나아가서 방언으로 말하고 계시나 지식이나 예언이나 가르치는 것으로 말하지 아니하면 너희에게 무엇이 유익하리요"(고전 14:6).

여기서 사도바울은 고린도 교인들에게 방언으로만 말하면 유익이 없다고 하였습니다. 그것은 고린도 교회 성도들이 그 방언을 알아듣지 못하기 때문입니다. 따라서 통역자가 있어야 한다고 말합니다. 이는 방언의 대상이 하나님이 아니라 성도들인 것을 말합니다. 즉, 이는 하나님께 하는 방언이 아니라 사람에게 하는 방언인 것입니다. '설교 방언'은 통역이 필요했습니다.

> "만일 누가 방언으로 말하거든 두 사람이나 많아야 세 사람이 차례를 따라하고 한 사람이 통역 할 것이요 만일 통역하는 자가 없으면 교회에서는 잠잠하고 자기와 하나님께 말할 것이요"(고전 14:27-28)

여기서 통역자가 없는 경우에는 자기와 하나님께만 방언을 말하라고 명하고 있습니다. 이는 통역을 필요로 하는 방언이 사람을 향해서 하는 방언이었음을 정확히 말해주고 있습니다. 즉 설교 방언이었던 것입니다. 설교를 했는데 못 알아들으면 당연히 안 되니 통역을 하라는 것입니다. 그리고 통역이 없으면 설교방언은 하지 말고 개인적으로 기도 방언만 하라는 이야기입니다. 사도바울은 방언을 금하지 말라고 하였고(고전 14:39), 그는 누구보다 방언을 더 말했다고 기록하고 있습니다(고전 14:18).

사람에게 하는 방언은 전하는 자와 듣는 자가 같은 언어권에 있는 경우와 다른 언어권에 있는 경우로 나누어집니다. 전하는 자와 듣는 자가 언어권이 다를 때, 외국어 방언으로 전하는 경우가 있습니다.

저도 2004년 10월 30일 미국으로 이민을 와서 교회를 개척 할 때, 이런 비슷한 경험을 했습니다. 한번은 고난 주간, 특별새벽기도회를 하는데, 돈 미첼(Don Mitchell)이라는 미국 목사님이 함께 참석을 했습니다. 영어로 예배 인도를 할 수 없으니 참석치 마시라고 말했지만, 그 목사님이 성령님은 우리에게 같은 메시지를 전해 주리라 믿는다고 하면서 한 주간 내내 기도회에 참석을 했습니다.

그러던 성 금요일, 돈 목사님은 기도회 중에 갑자기 눈물을 흘렸고, 기도회가 끝나자 한국말로 "십자가 나의 모든 죄 사라져!"라고 외쳤습니다. 그리고는 영어로 다시 한 번 *At the cross all my sin gone away!*"라고 외쳤습니다. '안녕하세요'라는 말도 못하는 분이 어려운 한국말을 하면서, 저의 설교가 영어로 들리고 또 한국말로 말하게 되었다고 고백하였습니다. 그분은 텍사스 대학에서 미식축구 선수로 활동하다 허리를 다쳐 허리에 철사를 박아 걷는 것을 불편해 했었는데, 그날 허리가 뜨거워지면서 치유되는 경험을 했다고 했습니다. 그는 허리를 자유롭게 움직이며 기뻐하며 껑충 뛰면서 치유의 하나님을 찬양했습니다.

그 외에도 제가 있는 팜 스프링스 한인 교회에서도 나바호 인디언 선교를 갔는데, 그 나바호 인디언 부족도 그들이 전혀 몰랐던 한국어로 하나님을 찬양하는 일이 있었다고 합니다.

이런 방언이 사람에게 전하는 방언으로 이는 '외국어 방언'입니다. 이는 서로의 언어가 다를 때 긴급하게 성령님의 인도함으로 외국어로 전하게 되는 것이지요.

예수원 설립자로 잘 알려진, 대천덕(아처 토레이) 성공회 신부님은 민경배 박사님을 비롯한 여러 신학자들이 함께 저술한 "성령"이라는 책에서는, 성 프란시스 자비어(*St. Francis Xavier*)라는 유명한 선교사를 소개하고 있습니다. 그는 인도, 중국, 일본 등지에 파송된 선교사인데 외국어를 배우지 않고도 외국어 방언이 임해서 그의 사명을 완수하였다고 합니다.[3]

그 뿐 아니라, 그가 아는 한 자매의 할머니가 스페인에서 미국으로 이민을 왔는데, 그 할머니가 예수를 영접한 후 자기 나라 말로 설교를 듣게 되고, 자기 나라 말로 예수님과 교통하게 되어 영어를 사용할 필요가 전혀 없었다고도 전합니다.[4]

'설교 방언'을 할 때는 반드시 통역이 있어야 합니다. 이는 기도 방언이 자기의 덕을 위하는 것과는 달리, 예언의 은사와 마찬가지로 믿지 아니하는 자들을 위한다고 나와 있습니다.

> "...내가 다른 방언을 말하는 자와 다른 입술로 이 백성에게 말할지라도 그들이 여전히 듣지 아니하리라 하였으니, 그러므로 방언은 믿는 자들을 위하지 아니하고 믿지 아니하는 자들을 위하는 표적이나 예언은 믿지 아니하는 자들을 위하지 않고 믿는 자들을 위함이니라"(고전 14:21-22)

여기서도 방언으로 백성에게 말한다고 했습니다. 하나님의 말씀을 방언으로 전하는데 이는 전도용이요, 믿는 자들에게 예언과 계시의 말씀을 한 언어로 말하는 것은 믿는 자들의 신앙을 더욱 뜨겁게 도모하기 위함입니다.

갈보리 채플의 척 스미스 목사님 역시 그의 책 *"Living Water"* 에서 방언 통역은 오직 회중 설교 시에만 가능하다고 했습니다. 그는 오순절 계통의 교회에서 성장하면서 공예배 시 한 사람이 방언을 하면 또 다른 사람이 그것을 통역했다고 합니다. 가장 이해가 안 되는 것이 특정인이 방언을 짧게 말했는데, 길게 통역하는 경우와 길게 방언을 했는데 짧게 말하는 경우가 상식적으로 이해되지 않았다고 했습니다. 그러나 그는 그러한 비판이 용서받을 수 없는 죄를 짓는 경계에 설 수도 있음에 두려움을 느꼈다고 고백합니다. 그는 통역과 번역은 구분되어져야 한다고 말합니다. 즉, 직역이 아니라 번역이고, 의미를 전달하는 것이라고 이해했습니다. 이제는 그는 그의 책에서 그러한 방언 통역 자 즉, 설교 방언 통역자를 존중한다고 했습니다. 그렇지 않은 경우에는 반드시 자기와 하나님께만 해야 한다고 했습니다. 이는 타인의 기도 방언은 통역할 수 없음을 이야기하는 것입니다.[5]

척 스미스 목사님은 은사 중단론에 대해서도 언급했습니다. 고린도전서 13장 8절에 보면 방언이 그치는 날이 오는데 그것은 우리가 부활체가 되면 더 이상 알아듣지 못하는 언어를 사용한다는 것이 비상식적이라는 것입니다. 우리는 모두 보편적인 언어로 모두가 다함께 알아듣는 언어를 사용하기 때문에 더 이상 방언은 존재할 수 없다는 것입니다.[6] 즉, 방언 은사 역시 예수님의 재림이 후에 그친다는 것입니다.

"사랑은 언제까지나 떨어지지 아니하되 예언도 폐하고 방언도 그치고 지식도 폐하리라 우리는 부분적으로 알고 부분적으로 예언하니 온전한 것이 올 때에는 부분적으로 하던 것이 폐하리라"(고전 13:8-10).

이와 같이 예언과 방언은 온전한 것이 올 때에야 비로소 그친다는 것입니다. 거기에 사도시대라 하지 않았고, 성경 시대라 하지 않았습니다. 그렇다면 지금이 온전한 시대라 할 수 있습니까? 이 말씀은 예수님이 승천한 이후에 기록된 것 아닙니까? 그렇기 때문에 초림예수(2000년 전에 예수님이 이 땅에 오신)사건도 아닙니다. 이것은 분명 미래의 온전한 때를 지목하고 있습니다.

대천덕(아쳐 토레이) 신부님은 그의 성령에 관한 논문에서 다음과 같은 간증을 고백했습니다. "한 젊은 사람이 자기가 유창하게 말하는 4, 5개 국어를 전혀 이해하지 못하는 외국인과 오랜 시간 대화를 나누었던 사실을 나는 기억하고 있다. 그는 방언을 한 것인데 본인 자신은 자기가 무슨 말을 하고 있었는지 또는 어느 나라 말을 하고 있었는지 전혀 기억하지 못했지만 그 낯선 사람은 그가 하는 말을 완전히 이해할 수 있었기 때문에 그처럼 기뻐했던 것이다."[7]

대천덕 신부님은 방언의 통역은 회중에게 하는 것이라고 못을 박고 있습니다. 따라서 통역이 없으면 집회에서 방언으로 회중에게 말할 필요가 없는 것이다(아쳐토레이, 신학연구 논문집 성령 제 1집, 114).

그래서 대천덕 신부님은 하나님께 말하는 방언기도와 교회의 훈계를 위해 알 수 없는 방언에 대해서 말하는 것과 구분하고 있습니다(고전 14: 5, 13, 27).⁸

그래서 장로교 대신측 총회장을 역임했던 최복규 목사님은 하나님께 하는 기도방언이나 이방인들에게 외국어로 하는 방언은 통역이 불필요하며 있을 수 없고 오직 설교 방언만이 통변이 필요하다고 했습니다.⁹

이상과 같이 성경을 자세히 읽어보면 통역은 방언으로 기도하는 자를 위한 것이 아님을 알 수 있습니다. 이는 자기 자신을 위한 기도 방언이거나, 회중을 향한 설교 방언인 경우에 필요한 것입니다.

방언은 사람만 하는 것이 아니라 성령이 감동하면 짐승도 방언을 하는 것이다. 예수님이 십자가상에 돌아가신 후, 닭이 울자, 베드로는 이를 자기를 책망하는 소리로 듣고 크게 애통해했습니다.

발람 선지자는 주의 종이었음에도 돈에 눈이 어두워 자기 민족을 저주하려 할 때, 당나귀가 울자 그는 당나귀의 말을 사람의 말로 듣게 되었습니다.

사도바울은 직가라는 거리에서 큰 천둥소리를 하나님의 음성으로 듣기도 했습니다. 그러므로 방언들도 여러 가지가 있습니다. 방언 설교, 방언기도, 방언 찬송, 방언 글씨. 방언이 하나인줄 알지만 사실 너무 많고 복잡합니다.

초대교회 교부들의 예배를 보면 예언자들이 예배 중에 예언을 했습니다. 당시에도 입신하는 현상이 종종 있었습니다. 초대 교부 시대 성령 세례를 받고 방언을 하면 성도들이 함께 모여 축복하는 장면들이 나옵니다. 춤을 추면서 찬양을 합니다. 특별히 초대 교부 중 이그나티우스나 세례 요한의 제자이자 서머나 교회의 감독이었고 결국 순교했던 폴리갑 그리고 그들의 제자들에게는 방언의 은사를 비롯해 성령 세례와 은사들이 나타났다고 초대교부 문서에 기록되어 있습니다. 이레네우스, 터툴리안, 오리겐 등에서 방언이 터져 나오고 성령의 은사가 나타났다고 기록하고 있습니다. 이는 사도 이후에 나타나는 현상으로 성령의 은사를 사도 시대로 즉, 성경의 시대로 제한하면 이들의 정통성을 송두리째 무시하게 됩니다.

그럼에도 다시 강조하지만, 방언의 원 뜻은 새 혀와 다른 혀로 나의 언어가 새로운 혀와 달라진 혀로 변화되어지고, 신앙 고백과 긍정의 고백으로 입술이 변화되어지는 것을 말합니다. 방언은 기도 방언이 있고, 사람에게 하는 설교 방언이 있는데 설교 방언만이 통역을 요하며, 짐승도 방언을 하고, 방언으로 쓰는 글씨가 있으며 하나님이 주신 방언, 내가 만든 인조 방언, 악한 영에 사로잡힌 귀신 방언으로 구별되어집니다.

'새 혀'의 기름부음이, 하나님께로부터 오는 아름다운 방언의 축복이 이 글을 읽는 모든 독자에게 임하기를 축복합니다.

제5장

악하고
더러운 영들

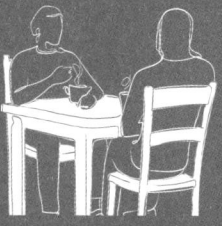

사탄의 또 다른 이름들

1

대적자, 뱀, 용, 마귀, 귀신, 악귀, 악령

음식에는 몸에 유익한 음식이 있는가 하면, 몸에 해로운, 나아가 몸을 해치는 마약이나 독극물도 있습니다. 음악도 마찬가지입니다. 식물에게 클래식 음악을 틀어주면 잘 자라고, 헤비메탈이나 데스메탈 음악을 들려주면 죽어버립니다. 이처럼 사람을 살리고 우리를 영생으로 인도하는 '성령'이 계시고, 반면 우리를 끊임없이 속이고 파멸과 죽음으로 인도하려는 '악한 영'이 있습니다.

성경에서는 이러한 영을 다 믿지 말라고 하였습니다. '악한 영', 즉 '사탄'은 성경에서 마귀, 귀신, 뱀, 용, 악귀 등 여러 용어로 사용됩니다 (계 12:7-12). 특히, 계 12:9에 보면 '큰 용이 내어 쫓기니 옛 뱀'이라고 하였습니다. 이 '옛 뱀'은 마귀입니다.

이제 악한 영의 기원과 명칭들, 그리고 우리가 하나님의 능력으로 어떻게 이것을 물리칠 수 있는지 함께 살펴봅니다.

첫째, 사탄은 원어 적으로 '대적하다'는 뜻을 내포하고 있습니다.

따라서 그의 속성 자체가 '대적자'입니다. "사탄이 일어나 이스라엘을 대적하고"(대상 21:1), 스가랴 3장 1절에도 '대적자'로 나와 있습니다. 사탄은 사람을 공격하고, 하나님을 공격하고, 우리를 대적한다고 하였습니다.

욥기 1장 6절 이하에는 사탄이 욥을 시기하며 망하게 하려 하여, 하나님을 잘 믿는 욥을 참소하고 넘어뜨리려 하였습니다. 그의 자식, 10남매를 죽게 하고 망하게 했습니다. 따라서 사탄은 대적자요, 궁극적으로 망하고 죽게 하는 것을 최종 목적으로 삼습니다.

둘째, 사탄은 영어로는 '데빌(*Devil*)**'이라고 하며, 이는 '디아볼로스'에서 나온 단어입니다. 즉, 마귀는 '시험하는 자'로서 시험케 하는 모든 것이 마귀의 속성입니다.**

마태복음 4장 1절에 사탄에게 시험받는 예수님이 나옵니다. "네가 만일 하나님의 아들이거든 이 돌들로 떡 덩어리가 되게 하라"고 했습니다. 이 세 번의 시험을 예수님은 말씀으로 물리치고 승리하셨습니다. '디아볼로스'는 시험하는 자인 것입니다. 디모데전서 3장 7절은 마귀의 올무에 빠질까 염려하라고 했는데, 이는 사탄 즉, 마귀가 올무를 놓고 시험하는 자이기 때문입니다.

셋째, 사탄은 '뱀'이라고도 합니다. 특히, 사람을 꾀일 때 '뱀'으로 사용됩니다.

큰 용이 내어 쫓기니 옛 뱀이라고도 하며 온 천하를 꾀는 자라고 하였습니다.^(계 12:9) 창세기 3장에는 뱀이 이브를 꾀는 장면이 나옵니다.^(창3:1-5) '선악과를 먹어도 결코 죽지 않는다'고 꾀여 결국 죽게 만듭니다.

'뱀'은 간사하고, 지혜롭고, 변신을 잘하여 자신이 위험에 빠지면 변신하여 위장하는 습성이 있습니다. 뱀은 흙에 기어갈 때는 흙 색, 단풍을 지나갈 때는 단풍 색, 풀을 지나갈 때는 풀 색 으로 자신을 위장합니다. 혀 또한 둘이어서, 상황에 따라 이랬다, 저랬다 말을 바꾸며 한 입으로 두 가지 말을 하고, 사람 간 이간질을 하며 변신을 합니다. 자신을 위장하고 거짓말하고 남을 꾀는 자는 악한 영이 역사한다고 볼 수 있습니다.

넷째, 사탄은 '붉은 용'이라고도 합니다.

용은 뱀의 일종이지만, 뱀은 꾀이고 용은 직접 잡아 삼킵니다. 뱀은 땅의 속성을 더 가지고 있고, 용은 하늘의 속성을 더 가지고 있습니다. 뱀은 능력이 약해서 꾀어 넘어뜨리게 하지만, 용은 권세와 능력이 있어 힘으로 압도하며 삼켜버립니다.

예레미야 51장 34절에는 바벨론 왕이 나를 먹으며 용같이 나를 삼킨다고 하였습니다. 요한계시록 12장 4절에는 용이 아이를 삼키고자 한다고 하였고, 하늘의 별 3분의 1을 떨어뜨린다고 하였습니다. 이러한 붉은 용, 붉은 마귀는 공산주의의 역사와 같이 하며 유물론과 무신론을 지향하며 수많은 성직자를 잡아 죽였으며, 교회를 훼파했습니다. 이는 말세의 모형이며, 붉은 짐승에게 권세를 주어 그 권세자로 사람을 잡아 죽이게 했습니다. 이것을 '용의 권세'라고 합니다.

다섯째, 시탄은 '귀신'으로 불립니다. 귀신은 주로 사람들을 병들게 하고 병들어 죽게 합니다.

"귀신이 저를 죽이려고 물과 불에 자주 던졌나이다"(막 9:25). 귀신은 생각으로 역사를 하고 그 자체가 영이기에, 육신을 실제로 집어 던지는 것이 아니라 사람에게 물과 불에 뛰어들고 싶은 생각을 집어넣는 것입니다. 따라서, 산이나 아파트나 빌딩이나 바다에서 뛰어 내려 자신의 목숨을 던지는 것은 이러한 '귀신의 역사'라고 할 수 있습니다. 예수님에게도 사탄은 예루살렘 성전 꼭대기에서 뛰어내리라고 했습니다(눅 4:9).

거라사 땅에 두 사람이 귀신들려 공동묘지에 가서 소리 지르고 영혼과 육체가 병들어 죽게 되었다. 이때 귀신을 쫓아내고 돼지 이천 마리에게 들어가 돼지 이천 마리가 대신 물로 뛰어 들어가 죽었는데, 짐승도 자살하게 함으로 죽게 한 것은 바로 귀신의 역사입니다(막 5:2).

때때로 뛰어내려 죽고 싶고, 연탄가스를 피워 죽고 싶고, 약을 먹어 죽고 싶은 것은, 내 안에 귀신이 역사한다는 증거입니다. 이렇듯 귀신은 사람을 병들게 하고, 망가지게 하고, 결국 죽게 합니다. 귀신은 사람에게만 있는 것이 아니라 사업체, 지역, 국가, 공동체에도 악한 역사를 일으킵니다.

여섯째, 사탄은 '악령'과 '악귀'라고도 합니다. 이것은 사람을 미치게 만듭니다.

똑같은 사탄이지만 '악령'에 사로 잡혀서, '악귀'가 붙었다는 것은 사람의 정신을 정상적이지 못하게 합니다. 성경에도 한 마술사가 악귀에 들린 사람을 고쳐 보겠다며 사도바울을 흉내 내어 악귀를 쫓아내려 하자, "내가 예수도, 바울도 아는데 너는 누구냐"라며 그를 두들겨 패는 장면이 나옵니다. 악령과 악귀는 사람을 미치게 만드는 것입니다. 정신이상 증상이 유전적인 원인이나 신경계의 이상으로 생기는 경우도 있지만, 이런 악하고 더러운 영으로 인해 발생하기도 합니다.

일곱째, 사탄은 '거짓말쟁이'이며, '추하고', '더러운' 악취를 풍깁니다.

사탄의 이러한 이름들만으로도 그의 특징을 알 수가 있는데, 미치게 하고, 꾀어 넘어지게 하고, 대적하고, 영혼을 더럽게 만들고, 사람을 병들게 합니다. 바로 이것이 사탄의 목적이자 사명입니다.

뱀으로 본 귀신

/

2

　귀신은 사람 생각 안으로 들어갈 수 있는 영적인 존재입니다. 성경에는 '귀신이 쉬기를 구하고, 자기보다 더 악한 일곱을 데리고 가니, 그 사람의 나중 형편이 전보다 더 심해졌다'고 했습니다(눅 11:24). 이 내용을 통해 덜 악한 귀신이 있고, 더 악한 귀신이 있으며, 사람 속에 많이도 들어가고 적게도 들어가는 것을 알 수가 있습니다(마 12:43-45).

　성경에 사람의 마음을 '집'으로 표현하며 그 집에서 더러운 귀신이 들어갔다는 것은 '더러운 생각' 즉, 더러운 귀신이 안에 들어와 있다는 것이고, 더러운 귀신이 나갔다는 것은 '더러운 생각이 나가고 마음이 깨끗해졌다'는 것을 의미합니다.

　귀신은 '물 없는 곳'으로 다닌다고 성경에 기록되어 있습니다. "더러운 귀신이 사람에게서 나갔을 때에 물 없는 곳으로 다니며"(마 12:43). 물이 없다는 것은 하나님의 말씀이 메말랐다는 것을 말합니다. 이는 '은혜가 메마른 곳'이고, '말씀이 없는 곳'을 말합니다. 즉, 모든 것에는 다니는 길이 있는데, 귀신 즉, 사탄의 길은 이러한 '물 없는 곳'입니다.

　　귀신이 나갔더라도 그 곳이 비어 있으면 언제든 다시 들어 올 수 있고, 들어오되 더 악하고, 더 강력한 귀신을 데리고 올 수 있다고 성경은 말하고 있습니다. 따라서 마음의 집을 '빈 상태'로 놔두어선 안 되고, 마음의 집을 성령으로 가득 채워야합니다. 또한 물이 있으면 귀신이 다니지 않기에 '말씀의 물'로 내 안을 가득 채워야합니다. 말씀과 성령이 충만하면 귀신이 거할 수 없고 이 사람은 거룩한 '신성'을 갖게 됩니다.

　　"말씀을 받은 사람들을 신이라 하셨거든"(요 10:35)

　　따라서 불교에서 말하는 마음을 비운다는 것은 위험한 것으로 이는 사람의 마음을 공허하고, 허하게 할 수 있으며, 외로운 마음, 고독하고 허전한 마음은 영적으로는 더러운 귀신이 자리를 잡게 하는 원인이 되고, 우울증과 자살 충동의 원인이 되기도 합니다.

　　사탄은 가룟 유다에게 예수를 팔 생각을 넣었습니다. 예수님 당시에는 귀신이 물과 불에 사람을 뛰어들게 하고, 돼지 속에도 들어갔습니다. 귀신은 마음에만 영향을 주지 않고 육체에 실제적으로 영향을 줍니다.

이 귀신은 어디에 역사합니까?

첫째, 인간의 육체에 역사합니다.
이는 병으로 역사하는데, 질병의 원인에는 자연적인 병, 징계의 병, 귀신이 준 병으로나 성경에 나타나 있으며, 사람과 짐승의 육체, 가정과 공동체, 심지어는 나라도 귀신에 의해 병일 들 수 있음을 성경을 통해 확인할 수 있습니다.

> "예수께서 한 말 못하게 하는 귀신을 쫓아내시니 귀신이 나가매 말 못하는 사람이 말하는 지라"(눅 11:14)

> "예수께서 꾸짖어 이르시되 잠잠하고 그 사람에게서 나오라 하시니 더러운 귀신이 그 사람에게 경련을 일으키고 더 큰 소리를 지르며 나오는 지라"(막 1:25-26)

둘째, 인간의 마음에 역사합니다.
마음을 불안하게 하여 압박, 초조, 두려움, 고민, 번민케 하여 사기를 저하시킴으로써 영적 전쟁에서 패배케 만듭니다.

> "여호와의 영이 사울에게서 떠나고 여호와께서 부리시는 악령이 그를 번뇌하게 한지라"(삼상 16:14)

셋째, 귀신은 자연계에 역사합니다.

귀신은 천재지변의 일부에 역사하는 데, 산불, 해일, 강풍, 홍수, 가뭄을 일으키기도 합니다. 예수님은 풍랑을 꾸짖어 잠잠케 하셨습니다.

"예수께서 깨어 바람을 꾸짖으시며 바다더러 이르시되 잠잠하라 고요하라 하시니 바람이 그치고 아주 잔잔하여지더라"(막 4:39)

사탄에 비유된 '뱀'은 어떤 특징들을 가지는지 살펴보겠습니다.

첫째, 사탄에 비유된 뱀은 눈을 뜨고서 자며, 지금도 우는 사자와 같이 잠을 자지 않고 죽일 먹잇감을 찾아 헤맵니다.

악하고 더러운 영들은 밤낮을 가리지 않고 우리를 지켜보다가 연약할 때, 병들었을 때, 마음이 비어 있을 때 공격합니다. 그러므로 우리는 시험에 들지 않기 위해서 깨어 기도해야 합니다.

둘째, 뱀은 소리 없이 다닙니다.

개인에게도 조용히 들어오며 교회에도 마찬가지입니다. 갈라디아 교회에는 '이는 가만히 들어온 거짓 형제'라고 이야기했습니다(갈 2:4). 가만히 들어온 것은 사람들을 시험하여 자기 종으로 삼으려 하는 것이고, 나갈 때는 쑥대밭을 만들어버립니다.

셋째, 뱀은 뱀만이 다니는 길이 있습니다.

뱀을 잡는 사람을 땅꾼이라고 하는데 그들은 뱀이 다니는 길을 알아 그곳에 덫을 놓아 뱀을 잡습니다. 영적으로는 바로 물 없는 곳이 뱀의 길이 되는 것 입니다(마12:4). 그래서 기도가 막히고 은혜를 받지 못하는 사람은 뱀의 길에 놓여서 뱀의 밥이 되는 것입니다. 그래서 창세기에는 뱀의 밥이 바로 성령이 떠난 인간 즉, 흙만 남은 인간이라고 이야기하고 있습니다.

"여호와 하나님이 뱀에게 이르시되 네가 이렇게 하였으니 네가 모든 가축과 들의 모든 짐승보다 더욱 저주를 받아 배로 다니고 살아 있는 동안 흙을 먹을 지니라"(창 3:14)

창세기에 저주를 받아 흙만 먹고 살아야했던 뱀은 생물학적 뱀이 아니라 바로 마귀요 사탄이라고 합니다.

"큰 용이 내 쫓기니 옛 뱀 곧 마귀라고도 하고 사탄이라고도 하며 온 천하를 꾀는 자라 그가 땅으로 내쫓기니 그의 사자들도 그와 함께 내쫓기니라"(계 12:9)

넷째, 뱀은 틈만 있으면 뚫고 들어옵니다.

'분을 내어도 저녁까지 내지 말라'고 하는 것은 마귀가 들어오지 않게 하루를 넘기지 말라는 것입니다. '기도할 틈을 얻으라'는 것은 마귀로 틈을 타지 못하게 하기 위함입니다. 여우가 포도원을 허무는 것도 작은 틈을 타서 허무는 것입니다.

다섯째, 뱀은 혀가 둘입니다.

귀신에게 농락당하면 여기서 이말 저기 가서 다른 말을 합니다. 잠언에는 두루 돌아다니며 쓸데없는 말을 하는 사람과는 사귀지 말라고 했고, 이와 함께하는 것은 같은 죄에 동참하게 되는 것이라 하였습니다. 예수님도 무슨 무익한 말을 하든지 그 말로 심판을 받는다고 했습니다 (마 12:36).

여섯째, 뱀은 머리를 들고 다닙니다.

교인이 시험에 드는 것은 교만함 때문에 오는 것입니다. 성경은 재산, 지식, 그리고 아름다움이 교만의 원인이 된다고 했습니다. 교만한 것은 귀신이 특성입니다. 사탄은 교만하다가 지혜천사에서 마귀가 된 것입니다. 귀신은 항상 중앙과 정상만을 추구합니다.

일곱째, 뱀은 죽은 것은 절대로 먹지 않습니다.

따라서 죽은 심령은 건드리지 않습니다. 하나님을 안 믿고 죽은 사람은 건드리지 않습니다. 살아 있는 사람, 예수가 마음에 있는 사람만 건드린다는 것을 알아야 합니다.

여덟째, 끼리끼리 뭉쳐 있습니다.

아무리 봉사 많이 해도 끼리끼리 뭉치는 것은 고여 썩을 수가 있습니다. 신앙생활도 끼리끼리 하면 안 되고, 함께 더불어서 잘 지내야 되는 것입니다.

"오직 당을 지어 진리를 따르지 아니하고 불의를 따르는 자에게는 진노와 분노로 하시리라"(롬 2:8)

"...다툼과 시기와 분냄과 당 짓는 것과 비방과 수군거림과 거만함과..."(고후 12:20)

"우상숭배와 주술과 원수 맺는 것과 분쟁과 시기와 분냄과 당 짓는 것과 분열함과 이단과..."(갈 5:20)

아홉째, 겨울잠을 잡니다.

10월말 이듬해 4월까지 뱀은 겨울잠을 잡니다. 이처럼 시험에 든 사람은 영적으로 깊은 잠에 빠져 있습니다. 새벽에도 자고, 성경도 보지 않습니다.

"신랑이 더디 오므로 다 졸며 잘 새"(마 25:5)

"좀 더 자자 좀 더 졸자 손을 모으고 좀 더 누워 있자"
(잠 6:10, 24:33)

열째, 뱀은 배로 기어 다닙니다.

이는 세상의 벗들과 어울려 다니는 특징이 있습니다. 육에 속했기에 육의 것을 추구하고, 하늘의 것에는 관심을 두지 않습니다.

"육에 속한 사람은 하나님의 성령의 일들을 받지 아니하나니 이는 그것들이 그에게는 어리석게 보임이요 또 그는 그것들을 알 수도 없나니 그러한 일은 영적으로 분별되기 때문이라"(고전 2:14)

열한 번째, 뱀은 1년에 한번 가죽을 벗습니다.

뱀은 겉껍데기를 벗습니다. 시험에 든 사람은 하나님의 전신갑주를 벗고 삽니다. 알몸으로 삽니다. 그래서 마귀가 공격하기가 너무 쉽습니다. 믿음도, 구원도, 기도도 완전 무장해제 되어 쉽사리 사탄의 먹이가 되는 것입니다.

"...벌거벗은 것을 알지 못하는 도다"(계 3:17)

'악하고 더러운 영'은 어느 때 우리를 시험에 빠뜨립니까?

첫째, 혼자 있을 때입니다.

예수님도 광야에서 혼자 있을 때 사탄의 시험을 받으셨습니다. 하와도, 요셉도. 엘리야도 그랬습니다. 혼자 있을 때 영적 공격의 대상이 됩니다. 그래서 창세기 2장에는 홀로 있는 것이 좋지 않다고 하였습니다. 그래서 신앙생활은 혼자 하는 것이 아니고 함께 하는 것입니다. 예수님은 두 세 사람이 내 이름으로 모인 곳에 함께 하신다고 하셨고, 전도도 두 사람씩 짝을 지어 보내셨습니다.

둘째, 신앙이 어릴 때입니다.

마가복음 9장에 보면 귀신은 신앙이 어린 사람을 공격합니다. 어리기 때문에 잘 삐지고, 시험에 들고, 질투하고, 비교하고, 원망하고, 투정하고, 사람을 보며 신앙생활 하는 것입니다. 목사의 관심에 따라 신앙생활을 하고, 설교의 강도에 따라 교회를 떠나기도 합니다.

> "너희가 마땅히 선생이 되었을 터인데 너희가 다시 하나님의 말씀의 초보에 대하여 누구에게서 가르침을 받아야 할 처지이니 단단한 음식은 못 먹고 젖이나 먹어야 할 자가 되었도다"(히 5:12)

셋째, 굶주릴 때입니다.

예수님은 마태복음에 40일을 금식하고 주리실 때 사탄에게 시험을 받으셨습니다. 경제적으로 너무 어려워도 시험에 듭니다. 교회에서 헌금 때문에 시험 드는 것도 바로 이런 마귀의 공격을 받은 것입니다. 은혜에 굶주려도 시험에 듭니다. 이는 본인이 음식을 찾아서 먹지 않았거나 편식하고 영적 양식을 멀리했기 때문입니다. 엡4장을 보면 감정적으로 굶주려 감정이 폭발해도 마귀의 공격을 받는다고 했습니다.

넷째, 축복받을 때입니다.

욥 1장에 보면, 잘될 때 교만함으로 시험에 드는 경우가 있습니다. 요셉처럼 사랑받고 축복 받을 때에도 곤경에 처하는 경우가 있습니다.

다섯째, 잠잘 때입니다.

이는 기도하지 않고 잠들 때 시험이 오는 것이며, 말씀을 멀리하고 모이기를 폐하다가 성령이 떠나기도 합니다.

여섯째, 더러울 때입니다.

더러운 말, 더러운 생각은 마귀의 집을 만드는 기초석입니다. 마귀와 귀신의 특징은 더러운 것입니다. 거라사 귀신이 나간 후 더러운 귀신이 돼지에게 간 것은 돼지가 가까이 있어서이기도 했지만 더럽기 때문이었습니다. 따라서 더러운 귀신은 멀리 하는 것이 좋으며 늘 자신을 깨끗이 해야 합니다. 마가복음 7장 21절에는 열두 가지 심령의 죄가 있는데, 이런 것이 사람의 속에서 나와 사람을 더럽힌다고 했습니다.

'악하고 더러운 영'은 우리를 어떻게 공격합니까?

첫째, '악한 사람'을 통해서 공격합니다.
욥은 스바 사람과 갈대 사람에게 가진 재산을 다 빼앗깁니다. 내 믿음을 빼앗는 사람이 있는데 그는 실상 마귀입니다. 예수님은 베드로에게도 '사탄아 물러가라'고 말씀하셨습니다.

둘째, '분노의 불'을 통해서 공격합니다.
하나님의 불이 하늘에서 내려온다고 하였는데 성령의 불, 하나님의 불만 있는 것이 아니라 마귀의 불도 있습니다. 성령의 불을 받으면 내 죄성이 없어지고 앞길이 보이고 마음이 뜨거워지지만 (눅 24:32), 그러나 마귀의 불은 사람의 속을 태워 죽입니다. 내 마음을 태우고, 열 불나게 합니다.

"분을 내어도 죄를 짓지 말며 해가 지도록 분을 품지 말

고"(엡 4:26)

셋째, '열매를 떨어뜨리는 바람'을 통해서 공격합니다.

오늘날 성령의 바람을 이야기하는데, 마귀의 바람도 있습니다. 성령의 바람이 불면 마음도 삶도 시원합니다. 바람 때문에 곡식과 사과가 익고 열매를 맺습니다. 믿음도 좋아지고 익게 되는 것입니다. 그러나 마귀의 바람은 춥게 하고, 열매를 떨어뜨리고, 나무를 송두리 채 뽑아버리는 '거친 바람'입니다.

넷째. '질병'을 통해서 공격합니다.

믿음에 손상을 주기 위해 마음과 육신에 병을 줍니다. 우리의 신앙 또한 병들지 않도록 잘 관리하여야 합니다.

다섯째. '물질'을 통해서 공격합니다.

욥은 재산을 다 빼앗겼습니다. 이 때 믿음으로 굳게 서야 합니다.

여섯째. '언어'를 통해서 공격합니다.

욥은 언어로 공격 받았습니다(욥 1:11). 그의 아내는 '하나님을 욕하고 죽으라'고 말했습니다(욥 2:9). 이는 마귀의 말과 욥의 아내 말이 같음을 알 수 있습니다. 매정한 말, 상대방을 아프게 하는 말은 귀신이 좋아하는 말입니다. 우리는 위로의 말, 사랑의 말을 해야 합니다. 교회를 부흥케 하는 말이어야 합니다.

사탄의 본질

3

사탄의 본질을 하나씩 살펴보겠습니다.

첫째, 참소합니다.

요한계시록에 보면, 밤낮 참소하는 자가 쫓겨났다고 하였다 (계 12:10) 사탄은 하나님의 자녀들을 계속 고소하고 참소한다고 했습니다. 오늘도 아무개가 무슨 짓을 했다고 남의 죄를 들쳐 내면서 여기저기 전하는 것이 마귀의 본질입니다. 그러면 예수님께서는 이 사람의 '죄 값'을 내가 대신 담당했노라고 변호하십니다.

마귀의 본질은 태초부터 참소하는 것이었습니다. 욥이 하나님 잘 믿고 건강하니까 재산 때문에 잘 믿는다고 참소했고, 자녀가 잘 되기 때문에 잘 믿는 것이라고 하면서 그의 자녀들을 해하였습니다. 오늘날 교회에서도 남의 허물을 들추고, 이사람 저 사람에게 말을 전하는 것은 마귀의 역사임을 알아야 합니다. 우리의 전화가 마귀의 전화기가 되어 성경 말씀대로 공중권세 잡은 마귀가 공중에서 '각 사람의 허물을 공중의 전파로 전하는 도구'로 쓰임 받아서는 안 될 것입니다.

마귀는 하나님의 자녀가 잘 되는 것을 좋아하지 않으며, 잘못을 들추고, 흉을 보고, 깎아 내립니다.

둘째, 거짓을 말합니다.

요 8:44에 보면, '진리가 그 속에 없고, 처음부터 거짓말한 자요 거짓의 아비'라 했습니다. 요한1서 2장 21절에는, '모든 거짓이 진리에서 나지 않았다'고 했습니다. 따라서 거짓은 죄의 시작이라고 할 수 있습니다. 계시록에는 모든 거짓말하는 자들이 다 지옥불에 들어간다고 했습니다(계 21:8).

셋째, 다툼과 분열을 일으킵니다.

사탄은 나누어지게 하고 분열을 일으키고 당을 짓게 만듭니다. "오직 당을 지어 진리를 따르지 아니하고 불의를 따르는 자에게 진노와 분노로 하시리라"(롬 2:8)

넷째, 미움과 시기, 질투를 일으킵니다.

"누구든지 하나님을 사랑하노라 하고 그 형제를 미워하면 이는 거짓말 하는 자니 보는 바 그 형제를 사랑하지 아니하는 자는

보지 못하는 바 하나님을 사랑 할 수 없느니라"(요일 4:20)

'악하고 더러운 영'을
물리치려면

/

4

수만 가지의 마귀가 찾아와도 백전백승할 수 있는 것은, 그의 특징을 구별함으로써 이길 수 있는 것입니다. 악하고 더러운 영을 물리치는 방법을 살펴보겠습니다.

첫째, '믿음'으로 물리칠 수 있습니다.
예수님은 믿는 자에게 능치 못함이 없다고 하셨고, 할 수 있거든 이 귀신 쫓아 달라 요청하였을 때, 할 수 있거든이 무슨 말이냐, 믿는 자에게 능치 못함이 없다고 말씀하셨습니다.

"믿는 자들에게는 이런 표적이 따르리니 저희가 내 이름으로 귀신을 쫓아내며…"(막 16:17)

귀신을 쫓아내는 데 제일 중요한 것은 믿음입니다.

둘째, '기도'로 물리칠 수 있습니다.

예수님은 기도 외에는 이런 유가 나갈 수 없다고 하셨습니다. 귀신을 두려워할 것이 아니라, 기도를 통해서 물리쳐야 합니다.

셋째, '꾸짖어서' 물리칠 수 있습니다.

빈둥빈둥 놀다가 꾸짖으면 안 되고, 믿음으로 무장하고, 기도하고, 꾸짖어야 됩니다. 성경에 무당이 귀신 들린 사람을 꾸짖다가 오히려 혼이 나는 것처럼, 믿음 없이 꾸짖으면 오히려 귀신이 그 사람을 우습게보고 되레 공격하여 당하게 됩니다.

넷째, '대적함으로' 물리칠 수 있습니다.

"종말로 주 안에서와 그 힘의 능력으로…마귀의 궤계를 능히 대적하기 위해 하나님의 전신 갑주를 입으라"(엡 6:13-17)

마귀를 대적하십시오. 대적하지 않고 마귀와 같이 서면 마귀를 이길 수 없습니다.

"그런즉 너희는 하나님께 승복할 찌어다 마귀를 대적하라 그러면 너희를 피할 것이다"(약 4:7)

마귀하고 친구하거나, 묵인하거나, 관망하면 안 됩니다. 그럼 나 역시 마귀의 밥이 될 수밖에 없습니다.

다섯째, '피하라' 하였습니다.

"그런즉 내 사랑하는 자들아 우상숭배하는 일을 피하라"(고전 10: 14)

제사나 우상 숭배는 피하라고 하셨습니다. 이런 일로 핍박을 가할 때는 대드는 것이 아니라 피하는 것입니다. 예수님도 헤롯을 피해 이집트(애굽)으로 내려갔습니다. 바울사도도 피해서 도망갔고, 요셉도 피해서 도망갔으며, 아브라함과 롯도 소돔과 고모라를 떠나 피했습니다. 교회에서 분쟁이 날 때도 대적하여 싸우는 것이 아니라, 피해야 합니다. 남의 분쟁에 끼어들지 말라고 성경은 분명히 말하고 있습니다.

여섯째, '찬양'으로 물리칠 수 있습니다. 다윗이 찬양할 때 악신이 떠나갔습니다.

제6장

천사의 영

성경에는 '거룩한 영'이 있고, '악하고 더러운 영'이 있고, '천사의 영'이 있습니다.

"그 성은 네모가 반듯하여 길이와 너비가 같은지라 그 갈대 자로 그 성을 측량하니 만 이천 스다디온이요 길이와 너비와 높이가 같더라 그 성곽을 측량하매 백사십사 규빗이니 사람의 측량 곧 천사의 측량이라"(계 21:16- 7)

성경에 보면 천사가 사람과 크게 다르지 않은 많은 부분이 나온다. 천사의 측량과 사람의 측량이 같다는 것이다. 측량 기준이 같다는 것은 우리가 일상에서 생각하는 고정관념을 크게 깨는 것입니다.

시편 아삽의 시에 보면 '천사의 식량(angels food)'이 나옵니다.

"사람이 힘센 자의 떡을 먹었으며 그가 음식을 그들에게 충족히 주셨도다"(시 78:25)

개역개정에 나온 '힘센 자의 떡'이란 정확한 번역이 아니며, 그 이전 개역 한글의 '권세 있는 자' 역시 정확한 번역이 아니다. 이는 그냥 '천사의 식량'입니다. 천사가 음식을 먹는다는 것입니다.

다윗은 이스라엘 백성이 광야에서 먹은 만나가 천사들의 음식과 같다고 하였고, 엘리야가 이세벨을 피해 로뎀 나무로 도망갈 때 천사가 그에게 음식과 마실 것을 주었는데, 그가 먹은 음식은 사십 주 사십 야를 견디는 음식이라고 했습니다(왕상 19:5). 엘리야가 먹은 음식은 천사의 음식인 것 같습니다.

물을 마시면 물의 힘으로 살고, 밥을 먹으면 밥의 힘으로 사는 것입니다. 그런데 하나님의 말씀 로고스의 씨를 받아 먹으면 그 말씀으로 사는 것입니다. 엘리야는 하늘의 음식을 먹고 40주야를 견디었으며, 성경에 나타난 천사들도 사람과 크게 다르지 않은 것이 여러 곳에 나옵니다.

아브라함이 마므레 평원에 장막을 쳤을 때 세 천사가 그를 찾아왔습니다(창 18:1, 2). 그 천사들이 함께 음식을 먹었고(창 19), 예수님 역시 부활하신 제자들과 음식을 잡수셨습니다(눅 24:42, 43). 실제로 천국 장에 보면 천국에 열두 과실이 있다고 했습니다(계 22:2).

사탄도 사탄의 밥을 먹고 사는데 창세기에는 흙을 먹고 살라고 명하고 있습니다(창 3:14). 이는 성령이 떠난 육을 말하는 것으로 오늘 우리를 먹잇감으로 노리는 것임을 알 수가 있습니다(벧전 5:8).

창세기에 아브라함이 대접한 사람을 히브리서에는 '천사'라고 했습니다.

"손님 대접하기를 잊지 말라 이로써 부지중에 천사들을 대접한 이들이 있었느니라"(히 13:2)

야곱은 천사와 씨름하였습니다. 그는 그 씨름으로 장애를 갖게 되었습니다(창 32:24-30).

"여호와의 군대 대장이 여호수아에게 이르되 네 발에서 신을 벗으라 네가 선 곳은 거룩하니라 하니 여호수아가 그대로 행하니라"(수 5:15)

여호수아가 전쟁 중에 만난 천사는 군대 천사였습니다. 이 모든 천사들이 마치 사람과 유사하다는 것을 알 수가 있습니다. 그러나 이 천사가 사람보다 더 월등한 존재는 아닙니다.

개역 한글, 그리고 '킹 제임스 성경(KJV)' 시편 8:5에 보면 '사람이 천사보다 못한 존재'라고 하는데, 이는 큰 오역입니다. 원어적인 정확한 번역은 '하나님보다 못한 존재'가 맞는 번역입니다. KJV만 정확하다고 주장하는 분들은 이 번역을 비롯한 곳곳의 잘못된 번역에 대해서 뭐라 항변할지 안타까울 따름입니다. 다행히 가장 최근 번역된 개역 개정은 사람이 '하나님 보다 못한 존재'라고 정확히 번역하였습니다. 사람은 천사보다 못한 존재가 아니라 하나님보다 못한 존재이며, 이 땅에서 육체의 한계 때문에 잠시 그보다 못하다고 나와 있습니다(히 2:7). 그러나 이 땅에서 조차도 천사는 사람을 수종하는 존재이고, 사람을 부러워한다고 했습니다.

"모든 천사는 섬기는 영으로 구원 받을 상속자들을 위하여 섬기라고 보내심이 아니냐"(히 1:14)

천사의 삶은 사람과 전혀 다른 삶이 아니라 건축하고, 찬양하고, 소식을 전하고, 전쟁도 하고, 때로는 먹기도 하고, 돕기도 하는 등 우리처럼 일상생활을 합니다. 우리의 신앙생활이 신비롭고 영적인 부분이 있지만, 일상의 삶속에서 만나는 영적 축복이 진정한 축복입니다. 우리의 삶 자체가 일상의 신비입니다.

천국가면 일도 안하고, 밥 도 안 먹고, 건축도 없고, 노래만 부르는 전혀 다른 세계가 아니라 거의 유사한 삶의 연장의 모습을 보게 됩니다. 따라서 이곳에서 힘들어도 저 세계에 가면 날마다 놀기만 한다는 생각은 버려야 합니다.

사람은 죄를 져서 일하는 것이 아니라, 사람이 선악과를 먹기 이전부터 일을 하도록 창조되었습니다. 그러나 선악과를 먹은 후로는 사람이 일을 해야 먹고 살 수 있게 되어버렸습니다. 단지 먹고 살기 위해서 일하면, 그 사람은 에덴동산에서 추방된 사람이 되는 것이고, 하나님 나라를 위해서 일하면, 에덴동산에서 사는 사람이 되는 것입니다.

이 땅에서 누구를 만나든지 예수님을 만나듯 하면 그 중에 천사도 있습니다. 이곳에서 나에게 맡겨진 작은 일에 최선을 다할 때, 저 천국에서도 큰 일이 맡겨지는 것입니다.

돈을 위해서 일하지 말고, 하나님의 나라를 위해서 일을 하고, 지배당하고 정복당하지 말고 다스리고 정복하며 상황을 초월해서 사는 것입니다. 이것이 떡으로만 사는 것이 아니라 말씀으로 사는 사람의 모습입니다. 사람은 하나님의 말씀을 먹음으로 살고, 하나님을 말씀을 받으면 신이 되는 것입니다(요 10:35).

"누구든지 제자의 이름으로 이 작은 자 중 하나에게 냉수 한 그릇이라도 주는 자는 내가 진실로 너희에게 이르노니 그 사람이 결단코 상을 잃지 아니하리라 하시니라" (마 10:42)

이는 작은 자를 대접하는 것이 곧 천사를 대접하는 것일 수 있음을 알아야 하고, 작은 자가 곧 예수라 하였으니 주님을 대접하는 것이 됩니다(마 25:40).

"삼가 이 작은 자 중의 하나도 업신여기지 말라 너희에게 말하노니 그들의 천사들이 하늘에서 하늘에 계신 내 아버지의 얼굴을 항상 뵈옵느니라"(마 18:10)

"예수께서 이르시되 이 세상의 자녀들은 장가도 가고 시집도 가되 저 세상과 및 죽은 자 가운데서 부활함을 얻기에 합당히 여김을 받은 자들은 장가가고 시집가는 일이 없으며 그들은 다시 죽을 수도 없나니 이는 천사와 동등이요 부활의 자녀로서 하나님의 자녀임이라"(눅 20:34-36)

천사는 죽지 않고 결혼하지 않습니다. 우리는 나중에 이 천사를 심판할 자라고 했습니다. 즉, 기능적으로 이 땅에서 천사보다 부족한 부분이 있지만 차후에 부활체로서 부족한 부분이 없어지고 실질적으로 그들보다 위에 있게 됨을 말하고 있습니다. 이에 천사들이 우리를 부러워하기도 한다고 했습니다.

"너희 중에 누가 다른 이와 더불어 다툼이 있는데 구태여 불의한 자들 앞에서 고발하고 성도 앞에서 하지 아니하느냐. 성도가 세상을 판단할 것을 너희가 알지 못하느냐. 세상도 너희에게 판단을 받겠거든 지극히 작은 일 판단하기를 감당하지 못하겠느냐. 우리가 천사를 판단할 것을 너희가 알지 못하느냐. 그러하거든 하물며 세상일이랴"(고전 6:1-3)

천사는 우리가 부리는 영입니다. 가장 큰 비밀 중 하나가 천사가 교회를 통해 하나님의 비밀을 깨닫는 것입니다. 이는 우리의 예배가 얼마나 중요한지 보여줍니다.

"이는 이제 교회로 말미암아 하늘에 있는 통치자들과 권세들에게 하나님의 각종 지혜를 알게 하려 하심이니"(엡 3:10)

오늘 교회에서 드려지는 예배는 천군 천사들이 함께 하는 것입니다. 그 예배를 통해서 하나님의 각종 지혜를 배우게 된다고 했습니다.

천사는 우리의 기도를 하나님께 전달하는 사명을 가지고 있습니다.

"또 다른 천사가 와서 제단 곁에 서서 금향로를 가지고 많은 향을 받았으니 이는 모든 성도의 기도와 합하여 보좌 앞 금 제단에 드리고자 함이라"(계 8:3)

그리고 우리를 위경에서 건지는 역할도 맡고 있습니다.

"여호와의 천사가 주를 경외하는 자를 둘러 진 치고 그들을 건지신다"(시 34:7)

"그의 천사를 명령하사 네 모든 길에서 너를 지키게 하심이라"(시 91:11)

따라서 이 예배는 영적인 전쟁과 같다고 할 수 있습니다.

천사를 통해 다니엘을 사자 굴에서 구합니다(단 6:19-24).

천사들이 예수 그리스도의 십자가의 사건과 부활의 사건을 알기를 원한다고 하였고, 우리보다 복음에 더 문외하다고 나와 있습니다.

"자기 속에 계신 그리스도의 영이 그 받으실 고난과 후에 받으실 영광을 미리 증언하여 누구를 또는 어떠한 때를 지시하시는지 상고하니라 이 섬긴 바가 자기를 위한 것이 아니요 너희를 위한 것임이 계시로 알게 되었으니 이것은 하늘로부터 보내신 성령을 힘입어 복음을 전하는 자들로 이제 너희에게 알린 것이요 천사들도 살펴보기를 원하는 것이니라"(벧전 1:11-12)

천사들이 우리의 예배에 들어와 성경을 깨닫고 복음을 전하는 자들을 통해서 복음의 비밀을 알게 되는 것입니다.

"영원부터 만물을 창조하신 하나님 속에 감추어졌던 비밀의 경륜이 어떠한 것을 드러내게 하려 하심이라 이는 이제 교회로 말미암아 하늘에 있는 통치자들과 권세들에게 하나님의 각종 지혜를 알게 하려 하심이니"(엡 3:9-10)

교회를 통해서 하늘에 있는 권세들이 하나님의 지혜를 알게 된다니, 교회는 영계에도 영적인 비밀을 전하는 곳임을 알아야합니다. 따라서 교회에서 인간의 정치, 철학, 영화, 도서를 말하는 곳이 아니라 바로 하나님의 비밀을 말하는 곳이 되어야 하는 것이며, 천사는 이를 통해 그들이 영적인 진리를 깨닫게 되는 것입니다.

첫째, 천사는 사람보다 더 나은 존재가 아닙니다.
따라서 천사를 숭배할 필요 없고, 신비주의에 빠지거나 경외할 필요가 없습니다.

둘째. 하나님께 간구하고 나의 최선을 다할 때 하나님이 천사를 보내줘서 나를 돕습니다.
빌리 그래함 목사님이 쓰신 "천사"라는 책이 있습니다.
한국 전쟁 때 중공군 함정에 빠져 미 해병 제 1사단예하 작은 부대 영하 20도 6일 동안 아무것도 먹지 못하고 보급로가 차단되고 중공군에게 항복밖에 살 길이 없는데 항복하면 또 죽으니 진퇴양난에 빠져 버렸습니다.
그런데 그리스도인이 성경 구절 하나를 소리 높여서 읽고 하나님을 찬양하는데 갑자기 멧돼지 한 마리가 막 달려와서 쏘려고 했더니 혼자 스스로 죽어버렸습니다. 그것을 먹고 원기를 회복하였다고 합니다. 중공군의 포위로 멧돼지를 잡아먹고 이제 죽을 때를 기다려야 하나 그러다가 한 한국군인지 중공군인지 군사가 나타나 영어로 자기를 따라오라 해서 그 군인의 인도로 숲을 지나고 산을 넘어 안전한 후방에 도착했고 고마웠다고 인사를 하려고 돌아보자 사라졌다는 것입니다.

필라델피아에 신경학자이며 의사인 미첼(S. W. Mitchell)이 잠을 자고 있는데 한 여아가 찾아와서 어머님이 아프니 같이 가달라고 하였습니다. 그래서 눈이 많이 내리고 춥고 어두운데 이 저녁에 오죽하면 왔을까하고 일어나서 그 아이를 따라갔습니다. 어머니가 폐렴을 심하게 앓고 있었습니다. 딸아이가 찾아와서 같이 왔다고 하자 어머니가 말했습니다. '딸이 이미 죽어 이 세상에 있지 않습니다.'

뉴 헤브라이지(New Hebraize)섬에서 사역하던 존 패턴(John Paton)목사가 자신이 천사의 도움을 받은 이야기를 하는데 선교사를 미워하는 한 원주민이 어느 날 밤 패튼 목사님의 집을 불태우고 죽이려하는데 선교사 부부가 밤새도록 기도하고 아침에 나와 보니 원주민들이 다 떠났습니다. 나중에 추장이 예수 믿게 되었는데 그 때 우리가 횃불을 들고 왔을 때 목사님 주변에 서있던 그 많은 군인들은 어디서 온 분이냐 묻는 것이었습니다. 천사들이 온 것인데 그들의 눈이 열려 그것을 본 것입니다. 수백 명의 빛나는 옷을 입은 자들이 손에 칼을 들고 집을 지키고 있었다고 합니다.

천사는 우리를 섬기는 영이요, 우리도 부활 후에 부활체로서 빛나는 자로 있게 됩니다.

제가 팜 스프링스 한인교회에서 인디언 선교를 다녀올 때의 일입니다. 저의 교회, 이준형 집사님이 교회 버스 운전을 하시다가 갑자기 핸드폰을 떨어뜨렸습니다. 그 상황 속에서 뒤에 따라오던 차와 크게 부딪칠 뻔 한 아찔한 상황이 발생했습니다. 그러나 뒤에 오는 차가 갑자기 멈춰서면서 다행히 아무도 다치지 않았습니다. 마치 천사가 위험으로부터 우리를 막아주는 것 같았습니다.

제7장

성령님과 성경해석

사도바울이 받은 성령, 그리고 그의 설교

/

1

　2000년 전, 성경에 나타난 초대교회의 직분들은 흔히 아홉 가지로 분류합니다. 사도, 예언자, 교사, 감독, 장로, 집사, 목사, 전도자, 그리고 말씀을 전하는 자입니다. 그런데 2세기부터 3세기까지, 성경에 나타난 것 외에 비중을 적게 차지하는 여섯 가지 직분들이 있었습니다. 바로 부 집사(sub-deacon), 복사(acolyte), 축사자(exorcist), 문지기(door-keeper), 낭독자(reader), 과부(widow)입니다. 그 가운데 축사자(exorcist)는 귀신을 쫓아내는 일을 담당했던 직분자였습니다. 신학자 하르낙(Harnack)은 교회사에서 귀신 축출이 3세기까지 초대교회의 발전에 지대한 공헌을 했다고 기록하고 있습니다. 말씀과 성령의 역사가 함께 일어난 것입니다.
　예수님과 제자들의 말씀이 사람들이 들어보지 못한 성령의 감동으로 풀어주는 설교를 하니 듣는 자들마다 놀라기 시작했습니다.

> "안식일이 되어 회당에서 가르치시니 많은 사람이 듣고 놀라 이르되 이 사람이 어디서 이런 것을 얻었느냐 이 사람이 받은 지혜와 그 손으로 이루어지는 이런 권능이 어찌 됨이냐"(막 6:2)

먼저는 성경에 나오는 위대한 설교자들은 구약에 정통한 자들이었습니다. 사도바울 역시 그가 얼마나 율법에 정통했었는지 자세히 기술하고 있습니다.

> "나는 유대인으로 길리기아 다소에 났고 이 성에서 자라 가말리엘의 문하에서 우리 조상들의 율법의 엄한 교훈을 받았고 오늘 너희 모든 사람처럼 하나님께 대하여 열심히 있는 자라"(행 22:3)

에디오피아 내시는 예배를 드려도, 말씀을 읽어도, 그에게는 기쁨이 없었습니다. 이는 말씀을 이해하지 못하고, 예배가 상달되지 못했음을 의미합니다. 그러나 빌립이 그 뜻을 성령의 감동으로 풀어 해석해 주니 기쁨이 넘쳤다고 기록하고 있습니다.

에덴은 '기쁨'이라는 뜻이라 예배를 통해 기쁨을 회복해야 하며, 설교를 듣고 에디오피아 내시처럼 기쁨을 회복해야 합니다. 엠마오로 내려가던 두 제자가 성경이 풀릴 때 마음이 뜨거워졌듯이,

우리도 말씀을 묵상하고 들으면서 마음이 뜨거워져야 합니다.

사도바울은 구약의 말씀을, 예수 그리스도로 풀어 그의 설교를 듣는 많은 이들에게 감동을 주고 영적인 세계의 문을 열어 주었습니다.

"뜻을 풀어 그리스도가 해를 받고 죽은 자 가운데서 다시 살아나야 할 것을 증언하고 이르되 내가 너희에게 전하는 이 예수가 곧 그리스도라 하니, 그 중의 어떤 사람 곧 경건한 헬라인의 큰 무리와 적지 않은 귀부인도 권함을 받고 바울과 실라를 따르나"(행 17:3-4)

그의 설교는 성령의 감동으로 된 설교로서 영적인 귀가 열린 사람들은 그를 따르기 시작했습니다. 목회자의 설교는 하나님의 말씀으로 들려야 합니다.

"…너희가 우리에게 들은 바 하나님의 말씀을 받을 때에 사람의 말로 받지 아니하고 하나님의 말씀으로 받음이니 진실로 그러하도다 이 말씀이 또한 너희 믿는 자 가운데에서 역사하느니라"(살전 2:13)

뿐만 아니라 말씀을 받을 때, 간절함으로 받아야하는 것입니다.

"베뢰아에 있는 사람들은 데살로니가에 있는 사람들 보다 더 너그러워서 간절한 마음으로 말씀을 받고 이것이 그러한가 하여 날마다 성경을 상고하므로"(행 17:11)

많은 곳에서 사도바울의 설교를 듣고 귀신이 나가고, 병자가 고쳐지고, 엄청난 성령의 역사들이 일어났습니다. 그러나 그의 설교가 놀랍고 새로운 영적인 해석의 말씀이었을지라도, 오히려 그의 설교가 형편없다고 비판하는 무리들이 있었습니다.

고린도후서 11:6에 보면, 고린도 교회에 분쟁이 생기자, 사도바울의 설교가 부족하다는 비판이 일어납니다. 그리고 사도바울도 스스로의 설교가 부족하다고 인정을 합니다. 이는 고린도 교회 교인들이 사도바울의 설교가 좋지 못하다고 평가한 것입니다. 이것은 그들이 마음의 문을 열지 않고 성령으로 충만함을 받지 못했기 때문입니다.

그러나 앞서 언급했듯이 사도바울의 설교가 고린도 교인들의 반응처럼, 부족하지 않고 오히려 은혜가 넘쳤다는 증거는 수두룩하게 많습니다.

사도바울의 설교를 듣고 귀부인들이 모였고, 사람들이 모였으며, 구브로의 총독마저 사도바울의 설교를 듣고 놀랍게 여겼다고 했습니다(행 13:12). 또 그의 설교를 듣고 다음 안식일에도 이 말씀을 하라고 청하였습니다. 즉, 설교의 '앙코르'를 받은 것입니다(행

13:42). 그리고 또 다음 안식일에는 대부분의 시민들이 바울이 전하는 하나님의 말씀을 듣고자하여 모였다고 합니다(행 13:44). 즉, 사도바울이 설교를 못하는 사람이라서가 아니라 듣는 사람들이 자신들의 프레임에 갇혀 사도바울의 설교를 꺼리게 된 것입니다.

심지어 예수님의 설교를 듣고도 시험받는 자가 있었으며, 부자 청년은 예수님의 말씀을 듣고도 떠나갔고, 바리새인들과 대제사장들은 예수님의 설교를 듣고 오히려 그를 죽이려 도모하였습니다. 스데반의 설교를 듣고 돌을 던지는 사람이 있었고, 예수님과 사도바울의 설교를 들었던 바리새인들과 사두개인들은 그들을 시기했습니다. 그러니 아무리 좋은 설교를 한다 해도 말씀을 전하는 사람을 향한 마음의 불편함이나, 교만함, 선입견 등은 하나님의 말씀을 왜곡하게 만듭니다.

무엇보다 이 말씀이 성령의 감동으로 기록된 것이기에, 말씀을 전하는 자는 반드시 성경의 감동으로 풀어야 하고, 듣는 자도 성령의 기름부음으로 귀가 열려야 역사가 나타나고 은혜가 넘치는 것입니다. 그렇지 않으면 이 말씀은 거리끼는 말씀이 되고, 오히려 나를 죽이는 말씀이 되는 것입니다.

성경에서 말씀을 전하는 자들의 특징은 하늘로부터 말씀을 받아서 전했습니다.

"여호와의 입의 말씀을 받아서 선포할 자가 누구인고"(렘 9:12)

"광야 교회에 있었고 또 살아 있는 말씀을 받아"(행 7:38)

"너희는 많은 환난 가운데서 성령의 기쁨으로 말씀을 받아 우리와 주를 본받은 자가 되었으니"(살전 1:6)

전하는 자는 하나님께로 말씀을 받고 듣는 자도 성령의 기쁨으로 말씀을 받아야 합니다. 그 말씀의 비밀이 예수 시대 때 비로소 열리기 시작한 것입니다.

성령으로 푸는 성경

/

2

산에는 '산맥'이 있고, 공중에는 '항로'가 있고, 바다에는 '해로'가 있고, 차는 '차도'로, 사람은 '인도'로 다니고, 지하에는 '수맥'이 있습니다. 그리고 성경에는 '영맥'이 있고, 우리가 오르는 산은 '영산'인 것입니다.

성령으로 푸는 성경읽기와 해석은 다음과 같습니다.

첫째, 성령의 감동으로 된 성경을, 성령의 충만함으로써 읽기 시작해야 합니다(딤후 3:16, 벧후 1:21, 고전 2:10-13, 딤후 3:16, 엡 1:17, 요 16:8-13, 사 8:16, 사 29:10-11, 마 22:29, 요 20:9).

둘째, 성경은 '짝'으로써 풀어나가야 합니다.
성령의 감동이 오면, 성경의 맥이 서로 연결되어지며, 성경이 성경을 해석하게 되는 경험을 하게 됩니다. 그래서 말씀의 짝들을 찾는 눈이 열리게 됩니다.

> "너희는 여호와의 책에서 찾아 읽어보라 이것들 가운데서 빠진 것이 하나도 없고 제 짝이 없는 것이 없으니 이는 여호와의 입이 이를 명령하셨고 그의 영이 이것들을 모으셨음이라"(사 34:16)

샘물을 소가 마시면 우유가 되고, 뱀이 마시면 사람을 죽이는 독이 됩니다. 아편을 필요한 환자에게 주면 적절한 처방이 되지만, 잘못 쓰게 되면 사람을 망하게 합니다. 따라서 성경도 잘 쓰면 영생을 얻는 생명의 약이 되지만, 잘못 쓰게 되면 죽게 됩니다.

셋째, 성경을 예수 그리스도로 풀어나가야 합니다.

즉, 구속사적인 해석이어야 하는 것입니다(요 1:14-18). 성경은 역사적으로, 문학적으로, 도덕적 지침서로, 다양하게 읽고 이해할 수 있지만, 성경은 예수 그리스도에 대해서 증거 하는 책이라 기록하고 있으며, 성경을 읽을 때에도 반드시 그렇게 이해하며 읽어야 합니다.

"너희가 성경에서 영생을 얻는 줄 생각하고 성경을 상

고하거니와 이 성경이 곧 내게 대하여 증거하는 것이로 다"(요 5:39)

예수님은 우리가 성경에서 영생을 얻는 줄 알고 성경을 상고하는데 이 성경이 바로 예수 자신을 증거하고 있다고 이야기하고 계십니다.

"모세를 믿었더라면 또 나를 믿었으리니 이는 그가 내게 대하여 기록하였음이라"(요 5:46)

예수님은 모세 오경(토라) 또한 예수님 자신에 대해서 기록하고 있다고 말씀하십니다.

"이에 모세와 모든 선지자의 글로 시작하여 모든 성경에 쓴 바 자기에 관한 것을 자세히 설명하시니라"(눅 24:27)

예수님은 모세(토라)와 모든 선지자(예언서)의 글로 시작해서 이 모든 성경이 예수님 자신, 바로 메시야인 본인에 대해서 기록했다고 말씀하고 있습니다.

그렇다면 성경을 기록한 목적은 무엇입니까?

"오직 이것을 기록함은 너희로 예수께서 하나님의 아들 그리스도이심을 믿게 하려 함이요 또 너희로 믿고 그 이름을 힘입어 생명을 얻게 하려 함이니라"(요 20:31)

성경의 기록 목적은 예수님을 믿게 하려는 것이요, 그로 말미암아 생명을 얻게 하기 위함입니다. 따라서 이 성경을 읽고 우리는 생명을 얻어야 합니다.

"내가 하나님의 아들의 이름을 믿는 너희에게 이것을 쓰는 것은 너희로 하여금 너희에게 영생이 있음을 알게 하려 함이라"(요한 1서 5:13)

따라서 신, 구약 전체가 예수를 말하기 때문에 창세기부터 계시록의 마지막까지 66권 전체를 예수님으로 읽고, 예수님으로 해석하는 것이 가장 성경적인 성경읽기라고 할 수 있습니다. 그럼에도 불구하고, 성경의 66권 어느 곳에서도 예수를 전하지 않는다면, 학문적인 또는 교양적인 유익은 줄 수 있을지 모르지만 구원에 이르는 길에는 이르지 못하며 성경에서 말하는 참다운 진리를 잃어버릴 수 있습니다.

다시 한번 강조하자면, 예수를 통해 인류 생명을 구원하기 위해서 이 성경을 기록했기 때문에 모든 성경은 구속사적(예수를 통한 구원) 입장에서 읽고 해석해야 합니다.

"그러나 그들의 마음이 완고하여 오늘까지도 구약을 읽을 때에 그 수건이 벗겨지지 아니하고 있으니 그 수건은 그리스도 안에서 없어질 것이라. 오늘까지 모세의 글을 읽을 때에 수건이 그 마음을 덮었도다. 그러나 언제든지 주께로 돌아가면 그 수건이 벗겨지리라. 주는 영이시니 주의 영이 계신 곳에는 자유가 있느니라. 우리가 다 수건을 벗은 얼굴로 거울을 보는 것 같이 주의 영광을 보매 그와 같은 형상으로 변화하여 영광에서 영광에 이르니 곧 주의 영으로 말미암음이니라"(고후 3:14-18)

성경을 읽을 때 그리스도로 읽으면 수건이 벗겨지게 되고 선명하게 읽게 되어 집니다. 하나님과 인간을 가로 막은 '휘장'이 바로 이 '수건'입니다. 이 휘장이 찢어질 때 우리는 생명의 지성소로 나갈 수 있는 것입니다.

넷째, 성경을 '자유한 사람'으로서 읽어야 합니다.
주는 영이시니 주의 영이 계신 곳에 자유가 있다고 하였습니다. 사실 이는 상당히 어려운 내용입니다.

"모세가 그 증거의 두 판을 모세의 손에 들고 시내 산에서 내려오니 그 산에서 내려올 때에 모세는 자기가 여호와와 말하였음으로 말미암아 얼굴 피부에 광채가 나나 깨닫지 못 하였더라. 아론과 온 이스라엘 자손이 모세를 볼 때에 모세의 얼굴 피부에 광채가 남을 보고 그에게 가까이 하기를 두려워하더니 모세가 그들을 부르매 아론과 회중의 모든 어른이 모세에게로 오고 모세가 그들과 말하니 그 후에야 온 이스라엘 자손이 가까이 오는지라. 모세가 여호와께서 시내 산에서 자기에게 이르신 말씀을 다 그들에게 명령하고 모세가 그들에게 말하기를 마치고 수건으로 자기 얼굴을 가렸더라. 그러나 모세가 여호와 앞에 들어가서 함께 말할 때에는 나오기까지 수건을 벗고 있다가 나와서는 그 명령하신 일을 이스라엘 자손에게 전하며 이스라엘 자손이 모세의 얼굴의 광채를 보므로 모세가 여호와께 말하러 들어가기까지 다시 수건으로 자기 얼굴을 가렸더라"(출 34:29-35).

예수님은 변화산에서 변화되어 몸에서 광채가 나는 '발광체'가 되셨고, 엘리야와 모세도 그러했습니다. 그러나 모세가 하나님을 만나 변화된 것에는 관심을 갖지 않고, 모세가 받은 문자에만 집중하게 되니, 그 문자가 그들을 살리는 말씀이 아니라 죽이는 말씀이 되었고, 그들은 자유한 사람이 아니라 말씀의 종이 되어, 말씀을 통해 기쁨과 해방을 맞이하지 못하고, 말씀을 통해 죄의 사슬에 얽히는 이상한 형태를 갖게 되었습니다.

"전에 율법을 깨닫지 못했을 때에는 내가 살았더니 계명이 이르매 죄는 살아나고 나는 죽었도다"(롬 8:9)

얼굴을 가리는 수건은 벗겨야 합니다. 그때야 비로소 이 계명이 나를 죽이는 것이 아니라 나를 살리는 것으로 변화됩니다. 사도 바울의 눈에 비늘 같은 것이 벗겨지고 나서야 영적인 눈이 열리기 시작하고, 성경을 제대로 보게 되었습니다. 이제 우리도 그런 역사가 있어야 합니다. 성경은 자유한 사람이 읽어야 합니다. 그렇지 않으면 율법과 계율의 노예가 되어버립니다.

다섯째, 성경을 가감해서는 안 됩니다.
성경의 그 어느 부분도 작다 하면 안 되며, 작다고 하는 자는 천국에서도 작다 일컬음 받는다 하였습니다. 그러므로 '야고보서'를 지푸라기 서신이라고 한 루터는 그 부분에서 큰 죄를 범했다고도 할 수 있습니다(잠 30:5-6, 신 4:2, 12:32, 계 22:18-19).

그렇다면 지금도 성경은 계속 기록될 수 있습니까?

> "내가 이 두루마리의 예언의 말씀을 듣는 모든 사람에게 증언 하노니 만일 누구든지 이것들 외에 더하면 하나님이 이 책에 기록된 재앙들을 그에게 더하실 것이요 만일 누구든지 이 두루마리의 예언의 말씀에서 제하여 버리면 하나님이 이 두루마리에서 기록된 생명나무와 및 거룩한 성에 참여함을 제하여 버리시리라"(계 22: 18-19)

만약, 오늘날 새로운 성경이 계속 기록될 수 있다고 한다면, 너도 나도 '메시야'라 할 것이며, 새로운 계시를 받았다고 너도 나도 주장한다면, 진리가 혼돈 속에 빠지게 될 것입니다. 성경은 이 말씀 외에 더하면 재앙이 더할 것이요, 빼면 천국에 들어가지 못하리라 분명히 말하고 있습니다. 천사라도 성경을 더하지 못한다고 하였으니, 천사로부터 말씀을 받았다는 모든 것은 잘못된 것입니다.

> "우리나 혹 하늘로부터 온 천사라도 우리가 너희에게 전한 복음 외에 다른 복음을 전하면 저주를 받을찌어다"
>
> (갈 11:8)

모든 성경은 위에서 언급한 바와 같이 그리스도를 말하고 있기에 이 계시는 예수 그리스도로 종결성을 가지고 있습니다.

여섯째, 성경은 내 임의로, 나의 추측과 판단으로 해석하거나 풀어서는 안 됩니다(벧후 1:20-21, 벧후 3:16).

일곱째, 성경을 상고하고 매일 묵상해야 합니다.
초대교회 성도들은 성경을 매일 상고했다고 기록하고 있습니다.

"베뢰아에 있는 사람들은 데살로니가에 있는 사람들보다 더 너그러워서 간절한 마음으로 말씀을 받고 이것이 그러한가 하여 날마다 성경을 상고하므로"(행 17:11)

모세는 이 말씀을 아침과 저녁으로 묵상하여 읽고 행하면 우리의 길이 평탄할 것이라고 이야기하고 있습니다.

"이 율법책을 네 입에서 떠나지 말게 하며 주야로 그것을 묵상하여 그 안에 기록된 대로 다 지켜 행하라 그리하면 네 길이 평탄하게 될 것이며 네가 형통하리라"(수 1:8)

시편에 보면, 율법을 즐거워하라고 말하고 있습니다. '즐거워하다'는 히브리어로 '헤페츠'로서 '달라붙다'라는 뜻으로 쓰입니다. 즉 하나님의 말씀을 입에 달고 사는 생활을 이야기하는 것입니다.

이 말씀을 아침과 저녁에 소리 내어 읽어야 합니다.

"오직 여호와의 율법을 즐거워하여 그의 율법을 주야로 묵상하는 도다"(시 1:2)

"이것으로 네 손의 기호와 네 미간의 표를 삼고 여호와의 율법이 네 입에 있게 하라 이는 여호와께서 강하신 손으로 너를 애굽에서 인도하여 내셨음이니"(출 13:9)

하나님의 말씀을 내 입에 있게 하라는 것입니다.

여덟째, 성경이 오늘 나에게 '적용'이 되도록 하여야 합니다.

"후일에 네 아들이 네게 묻기를 우리 하나님 여호와의 명하신 증거와 말씀과 규례와 법도가 무슨 뜻이뇨 하거든"(신 6:20)

"여호와께서 우리에게 이 모든 규례를 지키라 명하셨으니 이는 우리로 우리 하나님 여호와를 경외하여 항상 복을 누리게 하기 위하심이며 또 여호와께서 우리로 오늘날과 같이 생활하게 하려 하심이라"(신 6:24)

"우리가 그 명하신대로 이 모든 명령을 우리 하나님 여호와 앞에서 삼가 지키면 그것이 곧 우리의 의로움이니라 할찌니라"(신 6:25)

위에서 열거한 것과 같이 우리의 자녀에게 말씀과 규례와 법도를 오늘의 말씀으로 가르쳐 지키게 하라 하였습니다.

"내가 너희에게 분부한 모든 것을 가르쳐 지키게 하라 볼찌어다 내가 세상 끝날까지 너희와 항상 함께 있으리라 하시니라"(마 28:18)

예수님은 분부한 모든 것을 가르치고 지키게 하라 명하고 계십니다. 즉, 과거의 말씀이 오늘나의 생활에 적용이 되어야 한다. 아브라함의 하나님, 야곱의 하나님, 이삭의 하나님이 오늘 나의 하나님이 되어야 합니다. 그것이 바로 '성육신 신학'입니다.

말씀이 육신이 되어 이 땅에 오신 것처럼, 오늘 이 말씀이 바로 우리의 육이 되어 예수님이 내 안에 내가 예수님 안에 거하여야 하는 것입니다.

아홉째, 시대와 상황에 맞는 성경을 바로 찾아서 펼 수 있어야 합니다.

"예수께서 이르시되 그러므로 천국의 제자된 서기관마다 마치 새것과 옛것을 그 곳간에서 내오는 집주인과 같으니라"(마 13:52)

예수님의 제자 된 우리들은 서기관들과 같이 위의 말씀처럼 천국의 제자 된 자로 새 것과 옛 것 즉, 구약과 신약을 필요를 따라 내어주는 자들이 되어야합니다.

예수로 푸는 성경

/

3

예수님은 성경이 자신, 즉 예수 그리스도를 말하고 있다고 하셨습니다. 우리는 성경 전체에서 예수 그리스도를 찾는 '숨은 그림 찾기'를 하는 것입니다.

"이에 모세와 모든 선지자의 글로 시작하여 모든 성경에 쓴바 자기에 관한 것을 자세히 설명하시니라"(눅 24:27)

예수님은 매일 성경을 읽고 매일 성경을 가르쳤습니다.

"내가 날마다 너희와 함께 성전에 있으면서 가르쳤으되 너희가 나를 잡지 아니하였도다 그러나 이는 성경을 이루려 함이니라 하시더라"(막 14:49)

예수님은 이사야의 글을 펴서 예수 그리스도의 구속사적으로 해석을 해주셨습니다.

> "선지자 이사야의 글을 드리거늘 책을 펴서 이렇게 기록된 데를 찾으시니 곧 주의 성령이 내게 임하셨으니 이는 가난한 자에게 복음을 전하게 하시려고 내게 기름을 부으시고 나를 보내사 포로 된 자에게 자유를, 눈 먼 자에게 다시 보게 함을 전파하며, 눌린 자를 자유롭게 하고 주의 은혜의 해를 전파하게 하려 하심이라 하였더라. 책을 덮어 그 맡은 자에게 주시고 앉으시니 회당에 있는 자들이 다 주목하여 보더라. 이에 예수께서 그들에게 말씀하시되 이 글이 오늘 너희 귀에 응하였느니라 하시니"
> (눅 4:17-21)

> "너희가 성경에서 영생을 얻는 줄 생각하고 성경을 연구하거니와 이 성경이 곧 내게 대하여 증언하는 것이니라"(요 5:39)

예수님은 광야에서 세 가지 시험을 받으실 때 모두 구약의 말씀을 사용하셔서 이기셨습니다. 그는 구약에 정통한 분이셨습니다.

"예수께서 대답하여 이르시되 기록되었으되 사람이 떡으로만 살 것이 아니요 하나님의 입으로부터 나오는 모든 말씀으로 살 것이라 하였느니라 하시니"(마 4:4)

"예수께서 이르시되 또 기록되었으되 주 너의 하나님을 시험하지 말라 하였느니라 하시니"(마 4:7)

"이에 예수께서 말씀하시되 사탄아 물러가라 기록되었으되 주 너의 하나님께 경배하고 다만 그를 섬기라 하였느니라"(마 4:10)

이상의 답변은 예수님이 신명기의 말씀을 그대로 인용한 것입니다.

"너를 낮추시며 너를 주리게 하시며 또 너도 알지 못하며 네 조상들도 알지 못하던 만나를 네게 먹이신 것은 사람이 떡으로만 사는 것이 아니요 여호와의 입에서 나오는 모든 말씀으로 사는 줄을 네가 알게 하려 하심이니라"(신 8:3)

"너희가 맛사에서 시험한 것 같이 너희의 하나님 여호와를 시험하지 말고"(신 6:16)

"네 하나님 여호와를 경외하며 그를 섬기며 그의 이름으로 맹세할 것이니라"(신 6:13)

이렇게 말씀은 우리로 하여금 실족하여 넘어지지 않게 합니다. 우리 역시 말씀이 힘이 있어 흥왕하여 세력이 더해지는 삶을 살아야 할 것입니다.

제8장

꿈과 환상

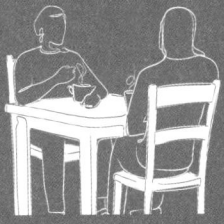

꿈과 환상은 예언 그리고 영분별과 밀접한 관계를 가지고 있습니다. 많은 분들은 환상이 꿈보다 더 신령한 것으로 간주하는 경향이 있습니다. 그러나 성경 어디에도 환상이 꿈보다 더 신령하다고 언급하지 않았습니다. 여기서는 꿈과 환상을 같은 맥락에서 보려고 합니다. 둘 다 그림책으로 비유해 보겠습니다.

"하나님이 말씀하시기를 말세에 내가 내 영을 모든 육체에 부어 주리니 너희의 자녀들은 예언할 것이요 너희의 젊은이들은 환상을 보고 너희의 늙은이들은 꿈을 꾸리라"(행 2:17)

성령을 부어 주시면 환상을 보고 꿈을 꾸고 예언을 한다고 했습니다.

환상 역시 두 개로 나눌 수 있는데 눈을 감고 보이는 환상과 눈을 뜨고 보는 환상으로 나눌 수 있습니다. 눈을 감고 보이는 환상은 하나의 묵시, 계시라 할 수 있고, 뜨고 보이는 환상은 실상이라 할 수 있습니다. 이 환상을 망상이나 허상 등과 혼돈 하는 경우도 있는데, 허상은 밥을 며칠 굶었더니 여기 저기 밥이 보이면 그것을 허상 즉, 헛것이 보인다고 합니다. 밥도 없는데 밥 먹으라는 환청이 들리는 것입니다. 저의 친 할아버지도 위암 말기에 먹는 것이 공중에 떠다닌다고 하면서 헛것을 보곤 하셨습니다.

착상은 착각해서 보이는 것입니다. 이것을 허깨비라고도 하는데, 깜깜한 집안에 들어갔는데 사람이 있어 놀랐는데 자세히 보니 옷걸이에 옷이 걸려 있는 것입니다. 자라보고 놀란 가슴 솥뚜껑 보고 놀란다고 했는데 이 역시 착상이라고 하겠습니다.

허상, 착상을 보고 환상 봤다고 하는 사람도 있기 때문에 이렇게 설명하는 것입니다.

환상가운데 깊은 잠속에 보이는 것을 꿈이라고 합니다. 그래서 꿈을 몽상이라고도 합니다. 몸이 허해서 보이는 것이 허상, 착각하는 것이 착상, 눈뜨고 보이는 것이 실상이라고 할 수 있습니다.

예를 들어 비가 와서 낮잠을 자고 있는데 어머니와 친구들이 물난리 난 이야기를 합니다. 잠이 깨기 전에 아주머니들이 각자 집으로 돌아갔습니다. 나는 꿈속에서 비가 온줄 알았는데 어머니 친구 분들의 이야기가 꿈에 투영된 것입니다.

저는 어려서부터 꿈이 실현되는 경우를 많이 경험해서 이런 것을 구분하는 것에 대한 궁금증이 많았습니다. 그리고 이것을 학문적으로 연구하고 싶었습니다. 요셉과 같은 꿈을 꾸기를 원했고, 다니엘과 같이 꿈을 해석하기를 원했습니다. 그리고 학문적으로도 이를 증명해보고 싶었습니다.

심리학 공부를 하면서 몽상이라는 것이 내 활동이 정지. 휴식 상태에서 보이는 것으로 배웠습니다. 이 몽상이 의학계에서는 렘 *(REM, Rapid Eye Movements)* 상태로 들어가면 꿈으로 나타난다고 합니다.

초등학교 시절 수유리 시장 가판대에서 프로이드의 꿈의 해석과 정신분석학 입문 책을 구입했는데, 프로이드는 꿈을 억압으로만 이해한 것 같습니다. 그러나 프로이드의 제자였던 칼 융에 의하면 꿈을 세 가지로 구분했습니다.

첫째는 기억의 잔재입니다. 이것은 우리가 흔히 말하는 '개꿈'을 말하는 것입니다. 둘째 유아기적 억압이 있습니다. 이는 어렸을 때 받았던 억압 또는 현재 받고 있는 스트레스나 정신적 억압이 표출되는 것입니다. 셋째는 원형(Archetype)이 있습니다. 이는 계시의 원형으로 알 수 없는 곳으로부터 계시나 환상이 주어진다는 것을 말합니다. 놀라운 은유의 꿈들과 상징들을 통해 계시되어는 현상을 말하는 것입니다. 이렇게 꿈에서 나타난 현상이 현실에서 이뤄지는 것을 동시성(synchronicity) 현상이라고 합니다. 불어로는 '데자뷰(deja-vu)'라고도 합니다.

사도행전 9장 3절과 8절에 보면 사도바울은 다메섹에서 빛을 보는데 주님이 나타나십니다. 실제로 눈으로 본 환상 때문에 그는 눈이 멀어 버립니다. 그 이후 아나니야가 안수 기도를 한 후에 눈이 떠지게 됩니다. 당시에 모든 사람은 우렛소리를 듣고 사도바울은 그 소리를 예수님의 소리로 듣게 됩니다.

변화 산에서 야고보, 베드로, 요한이 예수 옆에 있던 모세와 엘리야를 보았는데 이는 셋이 동시에 같이 본 것입니다. 모세는 기원전 1600년 엘리야는 기원전 1000년 전 사람인데 그들이 동시에 있는 모습으로 보였던 것입니다.

이렇게 주님의 음성과 모습을 보기도 하지만 반대로 거룩한 이를 가장한 경우도 있습니다. 성경에 나온 거짓 환상을 알아보겠습니다.

아래는 사울 왕에게 한 신접한 여인이 보여준 환상입니다.

"여인이 그에게 이르되 네가 사울이 행한 일 곧 그가 신접한 자와 박수를 이 땅에서 멸절시켰음을 아나니 네가 어찌하여 내 생명에 올무를 놓아 나를 죽게 하려느냐 하는지라 사울이 여호와의 이름으로 그에게 맹세하여 이르되 여호와께서 살아 계심을 두고 맹세하노니 네가 이 일로는 벌을 당하지 아니하리라 하니 여인이 이르되 내가 누구를 네게로 불러 올리랴 하니 사울이 이르되 사무엘을 불러 올리라 하는지라 여인이 사무엘을 보고 큰 소리로 외치며 사울에게 말하여 이르되 당신이 어찌하여 나를 속이셨나이까 당신이 사울이시니이다 왕이 그에게 이르되 두려워하지 말라 네가 무엇을 보았느냐 하니 여인이 사울에게 이르되 내가 영이 땅에서 올라오는 것을 보았나이다 하는지라 사울이 그에게 이르되 그의 모양이 어떠하냐 하니 그가 이르되 한 노인이 올라오는데 그가 겉옷을 입었나이다 하더라 사울이 그가 사무엘인 줄 알고 그의 얼굴을 땅에 대고 절하니라 사무엘이 사울에게 이르되 네가 어찌하여 나를 불러 올려서 나를 성가시게 하느냐 하니 사울이 대답하되 나는 심히 다급하니이다 블레셋 사람들은 나를 향하여 군대를 일으켰고 하나님은 나를 떠나서 다시는 선지자로도, 꿈으로도 내게 대답하지 아니하시기로 내가 행할 일을 알아보려고 당신을 불러 올렸나이다 하더라 사무엘이 이르되 여호와께서 너를 떠나 네 대적이 되셨거늘 네가 어찌하여 내게 묻느냐 여호와께서 나를 통하여 말씀하신 대로 네게 행하사 나라를 네 손에서 떼어 네 이웃 다윗에게 주셨느니라 네가 여호와의 목소리를 순종하지 아니하고 그의 진노를 아말렉에게 쏟지 아니하였으므로 여호와께서 오늘 이 일을 네게 행하셨고 여호와께서 이스라엘을 너와 함께 블레셋 사람들의 손에 넘기시리니 내일 너와 네 아들들이 나와 함께 있으리라 여호와께서 또 이스라엘 군대를 블레셋 사람들의 손에 넘기시리라 하는지라 사울이 갑자기 땅에 완전히 엎드러지니 이는 사무엘의 말로 말미암아 심히 두려워함이요 또 그의 기력이 다하였으니 이는 그가 하루 밤낮을 음식을 먹지 못하였음이니라"(삼상 28:9-20)

실제로 사울왕은 그녀의 예언대로 죽음을 맞이합니다. 그런데 이 환상이 과연 어디서부터 온 것인지 그리고 이 환상 가운데 나오는 사무엘은 진짜 사무엘인지 살펴보겠습니다.

이 환상은 먼저 사탄으로부터 왔다는 증거가 여럿이 있습니다. 사울 왕이 너무 답답해 무당을 찾아갑니다. 여기서부터 문제가 생기기 시작합니다. 먼저 신접한 무당이 거룩한 영을 불러 올 수 있는가 하는 문제가 있습니다. 그리고 죽은 자가 저 세상에서 이생으로 올 수 있는지 이 또한 비 성경적입니다.

사무엘과 똑같은 모습이 땅에서 올라왔습니다. 이 환상 역시 땅에서 올라왔다는 것은 사무엘이 낙원에 가 있지 않고 음부에 있었던 것을 의미합니다. 즉, 마귀가 땅에서 사무엘을 가장하고 올라왔다고 볼 수 있습니다. 따라서 죽은 자를 가장하는 귀신들은 죽은 자가 아니라 귀신을 가장하고 있음을 알아야 할 것입니다.

마귀는 가장이 본질이다. 위하는 척 아끼는 척 축복하는 척 하지만 본심은 배 아파하고 망하기를 바라고 분쟁이 있기를 바라는 더러운 속성을 가지고 있습니다. 또한, 하늘나라에 간 영혼은 다시 올 수 없고 더군다나 지옥에 간 사람은 더욱 이 땅에 다시 올 수 없습니다. 예수님이 부자와 나사로 비유에서 부자가 다시 친인척들에게 갈 수 없다고 하셨습니다.

사무엘이라 나타난 그 영이 용하게도 잘 맞춥니다. 귀신 같이 맞추고 귀신같이 족집게 알아맞히는 것은 그 속의 귀신 때문입니다. 사무엘의 모습으로 나타난 영이 예언을 합니다. 사울 왕은 여호와의 목소리를 순종하지 않아 하나님이 그를 버렸다고 했습니다. 그리고 그의 나라가 전쟁에서 패하게 된다고 했습니다. 그리고 그와 그 아들이 죽을 것이라고 예언했습니다.

여기까지 사울 왕은 하나님께로부터 버림받아 전쟁에서 패하고 그와 그 자식이 죽을 것이라는 미래의 사건에 대해서 예언을 받았는데, 문제는 그 사무엘이라 자칭하는 영이 내일 사울 왕과 사무엘이 함께 있으리라는 예언입니다. 사울 왕이 버림받고 전쟁에서 패해 죽을 것이라면 그는 지옥에 갈 운명일 텐데, 어떻게 사무엘이 그와 함께 있을 수 있다는 이야기 인가요? 그렇다면 사무엘 역시 지옥에 있다는 것인데, 그럼 이 사무엘은 진짜 사무엘이 아니라 사무엘을 가장한 마귀였음을 알 수 있습니다.

이렇듯 우리의 꿈과 환상 그리고 예언은 철저히 말씀으로 분별됩니다.

꿈이나 환상 이 모든 것은 처음 믿는 사람, 영계가 깊지 않은 사람, 기독교에 제대로 입문되지 않은 사람을 위해서 환상과 꿈을 자주 보여 주십니다. 그러나 이는 초보적인 신앙으로 앞으로의 여정이 잘 보이지 않는 가운데 영적으로 깨닫게 해주는 보조 자료, 참고 자료라 할 수 있습니다.

따라서 꿈, 환상이 많으면 은혜가 많고 적으면 은혜가 적은 것이 아니라 깨닫지 못하는 자에게 쉽게 보여주는 것이라 할 수 있습니다. 꿈과 환상을 보았다고 교만하여 목사님을 무시하고 장로,

권사님들을 자기보다 못한 자들은 신령한 자들이 아니라 신비주의의 빠진 잘못된 신앙입니다.

유치원 아이들을 붙잡아놓고 처음에는 그림책을 보여줍니다. 그리고 그 다음 글씨가 조금씩 많아집니다. 초등학교 1학년 책이 6학년 책과 다른 것처럼 시간이 지나면 그림은 줄어들고 글자가 많아지는 것입니다. 그러나 전문서적도 난해한 설명과 글이나 말로 설명하기 어려운 부분들은 그림으로 영상으로 설명을 합니다. 따라서 환상이 많이 보일수록 신령한 것이 아니라 시간이 갈수록 말씀과 지혜로 들어가야 되는 것입니다. 그렇기 때문에 오래 믿었는데 시도 때도 없이 자꾸 그림이 보이면 이건 신앙이 성장을 안 하는 것입니다.

그럼 환상이나 꿈이 필요 없는 것인가? 그렇지 않습니다. 내가 말씀만으로 이해하지 못할 때, 하나님의 음성을 정확히 분별하지 못할 때, 하나님의 사인에 적절하게 반응하지 못할 때 나타납니다.

아브라함이 실망하고 포기하려 할 때, 하나님은 하늘의 별과 바다의 모래알을 보여주며 소망을 주는 것처럼, '앗수르가 망한다'라고 소리 지른 것은 망하라는 것이 아니라 회개하고 돌이켜 망하지 말라고 예언해 주는 것입니다. 그와 마찬가지로 환상과 꿈도 그런 역할을 하는 것이다. 즉, 꿈을 통해 앞으로의 예지 가운데 좋지 못한 일이 일어날 것을 보여주는 것이 아니라, 그것을 대비하고 영적으로 무장하여 승리하라는 메시지인 것입니다.

"여호와의 말씀이니라 꿈을 꾼 선지자는 꿈을 말할 것이요 내 말을 받은 자는 성실함으로 내 말을 말할 것이라 겨가 어찌 알곡과 같겠느냐 여호와의 말씀이니라 내 말이 불 같지 아니하냐 바위를 쳐서 부스러뜨리는 방망이 같지 아니하냐 여호와의 말씀이라 그러므로 보라 서로 내 말을 도둑질하는 선지자들을 내가 치리라"(렘 23:28-30)

    그래서 꿈과 환상은 말씀과 비교한다면 겨인 것이고, 말씀은 알곡이고 밀인 것입니다. 그런데 말씀을 뒤로 하고 맨날 겨만 이야기 하는 사람이 있는데 이는 알곡 없는 신앙이요, 바람 불면 멀리 흩어져 버리는 쭉정이와 같은 것입니다.

    그래서 진짜 환상은 하나님 말씀 그 자체가 되어야 하고 예언과 꿈이 어떤 메시지를 가지고 있다고 한다면 그 환상과 말씀의 미래에 소망을 주거나 죄악 가운데 나를 책망하여 말씀 안에서 바른 길로 인도할 때 그것이 유익이 되는 것입니다.

    앗수르(앗시리아) 백성들이 요나의 예언을 듣고 회개하였던 것처럼, 애굽(이집트)의 바로 왕이 요셉의 이야기를 듣고 그로 통하여 미래를 위하여 저축하고 흉년을 준비했던 것처럼 말입니다. 베드로는 환상을 보고 이방인에 대한 선입견을 고치고, 사도바울은 그의 선교 여행을 아시아에서 유럽으로 방향을 전환하게 됩니다.

나가는 글

이 글을 읽은 모든 독자들에게 '성령'의 강력한 임재가 있기를 소망합니다. 먼저, 성령의 임재를 구하는 기도를 시작합시다. 은혜는 유통기한이 있어서 성령의 충만함을 유지하지 못하면 곧이어 실족하게 되고, 성령도 소멸하게 됩니다(살전 5:19).

제가 강조하는 것은 다음의 다섯 가지를 실천하자는 것입니다. 저는 지난 20여 년간 이 다섯 가지를 실천하자고 지속적으로 설교하며 독려하였고, 이를 실행에 옮기는 사람들과 공동체마다 일어난 놀라운 변화들을 보았습니다.

성령 충만한 삶을 위한 다섯 가지 실천입니다.

첫째, 성령을 구하는 기도를 합시다(눅 11:13).

둘째, 최소 한 시간이상 기도를 합시다(마 26:40).

셋째, 창자가 끊어질 것 같이 간절히 기도를 합시다(눅 22:44,

애 2:11).

넷째, 쉬지 말고 기도합시다(살전 5:17).

다섯째, 아침, 저녁으로 말씀을 낭독하여 나의 기도가 말씀에 근거한 기도가 되도록 합시다(수 1:8).

기도하면 성령이 임하고, 성령이 임하면 하늘의 문이 열리게 됩니다. 하늘이 열려서 거룩한 영, 성령에 속한 주의 자녀가 되기를 바라며 축복합니다. 하나님은 우리가 전혀 예상하지 못한 것을 준비하고 계시며, 그것을 내 삶의 현장에서 경험하게 하십니다(고전 2:9).

이 세상을 창조하신 하나님
우리를 구원하시기 위해서 독생자 예수님을 보내 주시고
그리고 우리에게 능력주시기 위해서 성령님을 보내주신 줄 믿습니다.
성령 하나님을
이 시간 내 안에 나의 삶에 초청합니다.
나에게 오셔서 성령으로 충만케 하시고
당신이 주신 은사를 통하여
예수 그리스도를 증거 하게 하시고
나의 삶 가운데 성령의 열매를 맺어
그것으로 주님을 증거 하게 하소서
예수님의 이름으로 기도합니다. 아멘.

성령님과 함께하는 브런치
Brunch with the Holy Spirit

성령님의 즐거운 초대와
대화의 희열

이 교재는 라오스와 중국 멕시코 선교지에 있는 목회자들에게 무료로 배포됩니다. 그 사역에 동참하고자하는 분은 아래 계좌로 함께 해주시면 성령님의 이해와 역사를 확장하는데 귀하게 쓰이도록 하겠습니다. 보낸 사람 이름 옆에 성령님을 함께 적어 주십시오.
예) 홍길동-성령님.

은행	우리은행
계좌 번호	127-171373-02-201
받는이	**Choi, Seung Mok** (영문성함으로 되어 있습니다.)

기타 문의사항과 성령님의 역사를 저자와 함께 나누길 원하시는 분은 아래 이 메일로 보내 주십시오. 정상적으로 수신된 모든 이 메일에 답변을 드리도록 하겠습니다.

doctorsmchoi@gmail.com
wes-ley@hanmail.net
smchoi1@united.edu

유희流喜 최승목 목사

미주

1. **104p** / Edit. Reginald Ward & Richard P. Heitzenrater, "The Works of John Wesley", Vol. 19 Journals and Dairies 2 (1738-1743), (TN Nashville: Abingdon Press, 1990), 51-52p.
2. **154p** / 이영훈, "펜사콜라 부흥의 현장 브라운스 빌 교회", (서울: 국민일보사, 1997), 19-35p.
3. **183p** / 민경배 외, "성령", (서울: 서울서적, 1985), 114p, 아쳐 토리, "산골짜기에서 외치는 소리- 성령론 2", (서울: 한국양서, 1994), 84p, The World Book, "Field Enterprises Edus". Comp, 1960. Vol. 19, 450p.
4. **183p** / 대천덕, "신학연구 논문집 성령 제 1집", 114p.
5. **184p** / Chuck Smith, "Living Water", (CA Costa Mesa: The Word for Today, 2001), 186-187p.
6. **184p** / Ibid., 181p.
7. **185p** / 아쳐 토레이, "신학연구 논문집 성령 제 1집", (서울: 서울서적, 1985)
8. **186p** / 대천덕, "산골짜기에서 외치는 소리", (서울: 한국양서, 1980), 82-82p.
9. **186p** / 최복규, "성령론", (서울: 정원문화사), 171-172p.

참고문헌

- 김민영, 한국 초대교회사, 서울: 쿰란출판사, 1998.
- 대천덕, 산골짜기에서 외치는 소리. 서울: 한국양서, 1994.
- 민경배, 김중기, 박창환, 아쳐토레이, 차영배, 이희숙, S.M. 홀틀, 신학연구 논문집 성령, 서울: 서울서적출판부, 1985.
- 옥성득, 다시 쓰는 초대 한국 교회사. 서울: 새물결플러스, 2016.
- 이영훈, 펜사콜라 기적의 현장 브라운빌. 교회, 서울: 국민일보사, 1997.
- 최복규, 성령론. 서울: 정원문화사, 1986

번역서

- Anonymous, Didache(디다케). 정양모 번역, 경북 칠곡군: 분도 출판사, 1993.
- Cox, Harvey, Fire from Heaven(영성 음악 여성), 유지황 번역, 서울: 도서출판 동연, 1998.

- Graham, Billy, Angels(천사론), 도한호 번역, 서울: 침례회 출판사, 1988.
- Lederle, Henry I., Treasures Old and New: Interpretations "Spirit-Baptism" in the Charismatic Renewal Movement(성령세례 재해석), 유천형 번역, 인천: 세광교회, 1996.
- Pytches, David, Spiritual Gifts in the Local Church(능력은사), 이재범 번역, 서울: 도서출판 나단, 1991.
- Synon, Vinson, The Holiness-Pentecostal Movement in the United States(세계 오순절 성결 운동의 역사), 이영훈, 박명수 번역, 서울: 서울 말씀사 2008.
- Wimber, John & Springer, Kevin, Power Healing(능력치유), 이재범 번역, 서울: 도서출판 나단, 1991.

영문 원서
- Arnold, Eberhard, The Early Christians, Farmington, PA: The Plough Publishing House, 1997.
- Brown, Candy Gunther, Testing Prayer Science and Healing, Cambridge, MA: Harvard University Press, 2012.
- Clark, Randy, There is More, Bloomington, MI: Chosen Books, 2013
- Duffield, Guy P. and Cleave, Nathaniel M. Van, Foundations of Pentecostal Theology, Los Angeles, CA: LIFE Bible College, 1983.
- Galiga, Michael L., Win Every Battle, Mineapolis, MN: Bronze Bow Publishing, Inc., 2002.
- Graham, Billy, Just As I Am, New York, NY: HarperCollins Publisher, 1999.
- Hyatt, Eddie L., 2000 Years of Charismatic Christianity, Lake Mary, FL, 2002.
- Keener, Craig S., Miracles, Grand Rapids, MI: Baker Academic, 2011.
- Liardon, Roberts, Frank Bartleman's Azusa Street, Shippensburg, PA: Destiny Image Publishers, Inc., 2006.
- MacArthur, John and Mayhue, Richard, Biblical Doctrine: A

Systematic Summary of Bible Truth, Wheaton, IL: Crossway, 2017.
- Park, Andrew Sung, A Big Picture of Heaven and Hell, North Charston, SC: Create Space Independent Publishing Platform, 2018.
- Price, Frederick K. C., The Holy Spirit The Helper We All Need, Los Angeles: Faith One Publishing, 1996.
- _____, How Faith Works, Los Angeles: Faith One Publishing, 2001.
- Proctor, Samuel DeWitt, The Substance of Things Hoped For, New York, NY: G. P. Putnam's Sons, 1996.
- Puhl, Louis J., S. J., The Spiritual Exercises of St. Ignatius, Chicago, Loyola University Press, 1951.
- Ruthven, Jon Mark, What's Wrong with Protestant Theology?, Tulsa, OK: Word & Spirit Press, 2013.
- Smith, Chuck, Charisma VS Charismania, Costa Mesa, CA: The Word for Today Publisher, 1992.
- _____, Living Water, Costa Mesa, CA: The Word for Today Publisher, 2001.

Edited
- Edit. Ward, W. Reginald & Heitzenrater, Richard P. The Works of John Wesley Volume 18 Journal and Diaries 1 (1735-1738), Nashville, TN: Abingdon Press, 1988.
- Edit. Ward, W. Reginald & Heitzenrater, Richard P. The Works of John Wesley Volume 19 Journal and Diaries 2 (1738-1743), Nashville, TN: Abingdon Press, 1990.

Translated
- Augustine, Saint Augustine City of God, Translated by Bettenson, Henry, New York, NY: Penguin Group, 2003.
- Eusebius, The History of the Church from Christ to Constantine, Translated by Williamson, G. A., Minneapolis, MI: Augsburg Publishing House, 1975.